成就顶尖高手代表作

让阅读更有价值

客户资本

以客户为中心的增长战略

钟思骐 王赛 著

北京联合出版公司
Beijing United Publishing Co.,Ltd.

图书在版编目（CIP）数据

客户资本：以客户为中心的增长战略 / 钟思骐，王赛著. -- 北京：北京联合出版公司, 2024.12.
ISBN 978-7-5596-7976-5
Ⅰ.F272.3-49
中国国家版本馆CIP数据核字第2024HA8849号

Copyright © 2024 by Beijing United Publishing Co., Ltd.
All rights reserved.
本作品版权由北京联合出版有限责任公司所有

客户资本：以客户为中心的增长战略

钟思骐　王　赛　著

出　品　人：赵红仕
出版监制：刘　凯　赵鑫玮
选题策划：山顶视角
策划编辑：王留全　李俊佩
责任编辑：蔺　鑫　李建波
封面设计：今亮後聲 HOPESOUND 2580590616@qq.com
内文设计：聯合書莊
内文排版：旅教文化

关注联合低音

北京联合出版公司出版
（北京市西城区德外大街83号楼9层　100088）
北京联合天畅文化传播公司发行
北京美图印务有限公司印刷　新华书店经销
字数138千字　880毫米×1230毫米　1/32　7.5印张
2024年12月第1版　2024年12月第1次印刷
ISBN 978-7-5596-7976-5
定价：78.00元

版权所有，侵权必究
未经书面许可，不得以任何方式转载、复制、翻印本书部分或全部内容。
本书若有质量问题，请与本公司图书销售中心联系调换。电话：（010）64258472-800

Contents 目录

推荐语 / V

推荐序一　从大国到强国　/ XV

推荐序二　客户始终是企业存在的理由　/ XIX

前　言　不确定性下的增长底线　/ 001

第一部分

客户资本三角——企业为何而战

第1章　增长、韧性与客户资本　/ 009

穿越周期的伟大企业　/ 013

良性利润　/ 017

客户资本三角：良性利润的增长管理　/ 023

第2章　界定客户使命　/ 031

客户资本三角的起始点：客户使命　/ 031

公司使命 vs 客户使命　/ 032

客户使命的特性　/ 037

构建客户使命　/ 041

CEO 是客户使命的第一责任人　/ 044

第 3 章　定义客户目标　/ 051

客户使命与客户目标　/ 051

建立客户目标体系　/ 053

第二部分

客户资本三角路径层——如何实现

附　图　手机用户旅程地图

第 4 章　客户旅程分析与规划　/ 067

客户旅程地图　/ 068

客户旅程地图规划　/ 072

客户现况分析　/ 076

第 5 章　客户战略的契合路径　/ 089

路径一：渗透客户旅程的品牌理念　/ 093

路径二：客户融入的产品实力　/ 098

路径三：显性化的服务内涵　/ 102

路径四：有效的多触点融合　/ 108

战略路径组合经营　/ 112

第三部分
客户资本三角模式层——如何升级

第 6 章　客户模式重构　/ 119

订阅制　/ 121

付费会员制　/ 129

服务产品化　/ 133

第 7 章　以客户资本进行业务扩张　/ 139

以客户价值为核心的增长曲线　/ 140

从客户资本到客户生态体系　/ 147

第四部分
客户资本三角机制层——如何保障

第 8 章　客户管理机制　/ 157

反向驱动的管理机制　/ 157

固化变革的组织能力　/ 164

数字化的客户管理能力 / 172

第 9 章　文化渗透能力　/ 177

寻找对的人　/ 182

日常触手可及　/ 183

具象化的事例　/ 185

高层以身作则　/ 187

回归企业的原点　/ 187

附录一　客户价值管理 FRIENDS 模型　/ 193

一、FRIENDS 模型　/ 193

二、客户体验管理成熟度的四个阶段　/ 196

三、总结　/ 199

附录二　客户价值与增长理论全览图　/ 201

后　记　为什么会有这本书　/ 207

推荐语

菲利普·科特勒　现代市场营销学之父，科特勒咨询集团（KMG）首席顾问

以客户价值驱动的增长才是良性增长，而客户资产作为战略的观念在市场营销中已探讨多年。《客户资本》的作者基于多年的一线企业实践经验，真知灼见地告诉我们"以客户为中心"如何落地。

奚恺元　长江商学院杰出院长讲席教授，长江商学院DBA学术主任

《客户资本》的作者们结合多年咨询经验，提出了"客户资本三角"模型，为企业提供了从路径层、模式层到机制层的全方位增长逻辑，值得每一位企业家和学者深入研读！

中村晋一良　倍乐生 (Benesse) 中国区董事长

毫无疑问，过去几年市场发生了许多重要的变化，且未来还将进一步加速，企业将面临不断变革的压力。正因如此，企业经营需要回归核心价值，以指明企业成长方向，不断更新。《客户资本》为经营者未来业务和品牌的指导提供了重要建议，它不仅停留在理论和思考方法上，而且提供了如何实施到企业组织运营中的具体观点，可以说是未来企业运营中必备的操作守则。

陈朝益　英特尔中国区创始总裁

我走在"人才资本"这个胡同里已经有多年了，总认为这是企业发展的唯一命脉，当我看到这本《客户资本》时，我豁然开朗，看见了一道光。特别是现今企业在面对经营的挑战时，客户的图像不再清晰，多元动态复杂，还有不确定的外在环境。人工智能 (AI) 来得正是时候，它可以快速帮助我们勾画出客户图像。那么接下来如何判断并建立策略使其快速落实呢？这本书提供了及时专业的帮助，三角架构就是最理想的答案。在从"人才资本"迈入"客户资本"时，这本书就是那一道指路的光，帮助企业迈上另一个台阶！

陈志宇　麦德龙董事会顾问

繁荣时代成长起来的企业往往在存量竞争的市场环境中

举步维艰，归根结底是因为企业的文化组织和制度通常在优化供给端的规模，而不是优化对需求端的响应效率。企业的管理者们往往发现"以客户为中心"的美好意愿成了挂在墙上的一句空洞的口号，组织中了解市场和客户趋势的中层干部寥寥无几，决策过程中缺乏代表客户利益的内部部门参与，绩效考评中甚至没有衡量客户满意的指标。《客户资本》是一本写给管理者的参考书，作者基于大量转型期企业的实战经验，总结了如何让企业重新获得客户视角并把"客户第一"的理念通过机制贯彻落实到企业的每一个微小的操作细节，在存量环境下在对客户的竞争中抢占先机。

吴光权　中航国际集团前董事长、CEO，深圳工业总会会长，中国工业经济联合会主席团主席

这本书是王赛博士继《增长五线》之后的又一力作，他和钟总从客户资本的维度切入，告诉我们：只有客户界面的增长才是真增长、好增长，这是今天全球大变局时代所有企业都面临的问题。潮水过后，才知谁在裸泳。客户价值的增长永恒。

侯孝海　华润啤酒董事会主席，金沙酒业董事长

《客户资本》是对企业如何在现代商业环境中生存和发展的一次全面审视。作为一本深刻洞察企业增长战略的力作，

它提供了一种新的增长逻辑，不仅阐述了客户资本的重要性，还提供了实现这一目标的具体路径和方法。对于任何希望在竞争激烈的市场中保持领先地位的企业来说，这本书是必读之作。

林昭宪　碧桂园前首席战略官

企业的成功不在于短期的盈利，而在于长期的客户价值创造。《客户资本》以"客户资本三角"为框架，为企业指明了实现"良性利润"和可持续增长的道路，是企业家和管理者不可多得的战略参考。本书的作者钟思骐、王赛有丰富的产业和策略顾问经验，提供了把战略目标转化成为战略路径，并且进一步落实到经营举措的系统性锦囊妙计。

蒋青云　复旦大学管理学院教授，上海市市场学会会长

从客户资源到客户资产，从客户关系到客户共创，营销理论和实践正在以前所未有的速度刷新和迭代，令人目不暇接。读到钟思骐和王赛先生的新著，我的思绪又被点击了一下，感觉权威学者拉斯特（Rust）的"顾客资产管理战略三角形"理论模型终于有了更结合营销实践、更具操作性的战略底座，值得隆重推荐！

景奉杰　华东理工大学商学院营销科学研究所所长，中国高

等院校市场学研究会副会长兼教学委员会主任、执委会 CEO

企业的成功不在于短期的盈利，经营策略也不在于针对消费者人性弱点的花式营销，而在于长期的客户差异化价值的创造。《客户资本》以"客户资本"为框架，为企业指明了实现长期增长的良性经营之路，是企业家和管理者不可多得的战略参考。

钟承东 国际用户体验专业协会 (UXPA) 中国区主席，益普索用户体验研究院院长

在当今这个快速变化却存在各种不确定性的商业环境中，企业如何实现持续增长并保持竞争力，已成为每一位管理者和决策者必须面对的问题。《客户资本》为我们提供了一个全新的视角和实用的框架。

三角形往往是最稳定的结构。本书深刻阐述了客户资本的重要性，并创新性地提出了"客户资本三角"模型，涵盖了客户留存、客户潜力和客户口碑这三个关键维度。通过这一模型，本书不仅为我们揭示了企业如何在存量市场中寻找增长的新路径，而且还提供了一套系统化的方法论，帮助企业从战略规划到执行落地，从而实现客户价值可持续且稳定地增长。

特别值得一提的是，书中对客户体验管理的深入分析，强调了以客户为中心的重要性，并提供了如何通过精细化管

理来提升客户体验的具体策略。无论是对于初创企业还是成熟企业,这些策略都具有极高的实用价值。

强烈推荐《客户资本》给所有希望在内卷时代下谋求增长并希望破局的企业领导者。本书不仅引发思考,更能指导实践,帮助你构建一个以客户为中心的增长战略,实现"好体验好商业"地稳步发展。

周宏骐　新加坡国立大学商学院商业模式与市场营销兼任教授

《客户资本》通过"客户资本"概念,在存量市场竞争日益激烈的今天,为企业提供了实现最大化客户终身价值(LTV)的具体路径和方法,是企业家和管理者不可多得的实用指南。

邹宇峰　中国科大科技商学院管理委员会委员、教务长

商业的核心是客户的创造,而客户能够作为一种增长的资本,在今天不仅触及企业的战略理论、营销理念,还是企业金融理论在不断探索的重要问题。王赛博士和他的合作者为业界深入思考这些问题给出了方向。

段要辉　OPPO中国区总裁

面临后疫情时代和地缘政治等多重挑战,企业如何保持韧性增长?《客户资本》给出了答案。两位顶级咨询顾问(都

担任过 OPPO 战略顾问）结合多年战略咨询经验，提出了以客户为中心的增长策略，为企业提供了在不确定性中寻求增长的新思路。

曹　虎　科特勒咨询集团中国与新加坡区 CEO

两位顶级国际化的战略咨询顾问的双剑合璧之作。客户导向的战略是科特勒营销的核心基座之一，两位顾问在此基座上构建出以客户资本为中心的增长模式，而客户资本三角又建立在大量的咨询实践之上，非常值得 CEO 一读。

常开创　艺龙酒店总裁，锦江集团中国区前 CEO

增长底线不仅是对过去中国经济跌宕起伏的回顾，更是对未来增长模式的深刻洞察。书中提出的"客户资本三角"模型，为企业提供了从路径层、模式层到机制层的全方位增长逻辑，值得每一位企业家和学者深入研读。

蒋　昀　一手电商创始人、CEO

当我们认真观察那些穿越周期的伟大公司有什么不同时，你会发现它们在赛道选择、商业模式、战略、管理层风格、公司文化上可能各不相同，但有一点近乎一致，那就是"疯狂地坚持以客户为中心"。他们都有超越利润的追求，而一切指向都是客户更加受益，确保商业增长建立在客户价值的基础上。《客户资本》不仅阐述了客户资本的重要性，还提供了实现这一目标的具体路径和方法，对所有希望企业健康增长、基业长青的企业家和管理者来说，这是一本难得的指南！

罗忠生　富士康科技集团前资深副总，夏普中国区 CEO，中兴通讯副总裁

近年来，"以客户为中心"成为很多企业经营理念的基本出发点，并在经营组织设计上采用了角色协同分工的"铁三角"模型，以期服务好客户。但随着企业的不断发展，企业的重心在不断变化，最后变成以自我为中心，离客户越来越远，"以客户为中心"变成了空中楼阁。

如何把"以客户为中心"的经营理念真正落到实处？本书的两位战略咨询顾问做了深入研究，在业内率先提出"客户资本"的概念，用三个关键的客户价值维度（客户留存价值、客户潜力价值和客户口碑价值）来衡量客户价值，以确保商业增长建立在客户价值的基础上。同时在此基础上建立了"客户资本三角"模型，帮助企业建立起"以客户为中心落地的全景图"——一个系统化、科学化的客户价值评估与管理体系，使"以客户为中心"的战略真正落地，协助企业有计划地实现"良性利润"的增长管理，从客户价值维度重构"铁三角"。这本书是企业家、管理者、经营者必读的实用指南。

邹　欣　弗雷斯特（Forrester）中国区前负责人

《客户资本》这本书不仅是对企业增长战略的深刻剖析，更是一本实践指南，能帮助企业在市场竞争中保持韧性，通过精细化管理实现良性利润增长。增长底线不仅是对过去中国经济跌宕起伏的回顾，更是对未来增长模式的深刻洞察。

魏立华　Hellotalk 天创进创始人、CEO

《客户资本》是和企业家的一次情感共鸣。真正的成功不仅仅是数字的增长，更是与客户建立的深厚关系和企业文化的传承。这也是 Hellotalk 在移动互联网领域基本无投放下良性增长到全球最大跨文化语言社交网络的增长准则。

徐佳盈　中国平安消费者权益保护部总经理

在客户经济时代，如何成功吸引新客户并保持老客户的忠诚，实现企业价值与客户价值的双赢，从而在激烈的竞争中脱颖而出，成为现代企业面临的重大课题。《客户资本》从如何实现到如何升级到如何保障，循序且全面地构建了一套客户资本价值模型，为企业的长续发展提供了新视角。

孙来春　林清轩创始人、董事长

以客户为中心是反人性的，因为无论是个人还是组织，都会朝"以自己为中心"的方向发展，王赛老师和钟总的新书《客户资本》以独特的视角阐述和引领"以客户为中心"的理念如何在企业落地,警醒我们每一个创业者,时刻谨记"为客户创造价值"才是品牌存在的唯一理由。

推荐序一

从大国到强国

10年前我第一次进入大中华区,我感觉自己踏进了充满无限可能的未来之门。中国的经济社会发展实在令人欣喜,伴随着移动互联网、云计算、大数据等新一代信息技术的萌芽与发展,中国企业构建起令人眼花缭乱的商业模式,创造出无数发展的机会和可能。这些科技深刻地改变着中国大小企业的管理模式与战略布局,以惊人的速度创造了如阿里巴巴、腾讯、美团、字节跳动等市值超过千亿美元的企业。

在这个飞速发展的数字化浪潮中,许多企业争相投入先进的技术和庞大的数据资源。但在快速应对外部环境变化的同时,很多企业却往往忽视了最根本的客户需求,或是企业赖以生存的核心价值,在"本末倒置"的情况下,导致许多的资源错配,进入"内卷"的负向循环,反而阻碍了企业的长期发展。

在经历了疫情的冲击后,全球经济格局发生了深刻的变化。全球经济增速减慢,大环境趋于保守,外部增长动力不足,中国企业的图景也随之变化。这种转变让中国企业面临着与曾经的日本企业相似的存量市场的挑战。

在当前的竞争格局下,中国企业正站在一个十字路口上。对管理者而言,这是用来思考"快"与"慢"的问题的一个很好的时间点,而日本的经验对当下的中国有着重要的借鉴意义。日本近年来的经济发展,经常被媒体贴上"失去的30年"的标签。自1990年房地产泡沫破裂后,日本再也没有经历过一定规模的快速增长期,这种慢速的存量市场对日本企业的打击是巨大的,企业和个人都需要付出极大的努力艰难求存。然而,恰恰是这样的宏观环境,给予了日本企业专注自身品质,打磨核心价值的机会。

记得2000年我刚创立倍比拓的时候,初衷正是想要改变公司只注重财务数字而忽视客户感受的状况,从而打造一个充满亿万个微笑的幸福社会（create one trillion smiles）,这也是我建立倍比拓的终极目标。让那些真正为客户创造价值的企业能够长远地发展,因为我相信,只有重视忠诚客户并注重长期利益的企业,才更具备穿越周期、可持续增长的能力。

日本是全球拥有百年企业最多的国家,据经济学家后藤俊夫的统计数据，日本有 25 321 家超过百年历史的企业，位居世界第一，其中，有 147 家企业拥有超过 500 年的历史，甚至有 21 家企业拥有超过千年的历史。日本寿司之神——小野二郎先生之所以被封神，就是因为他展现出了一种对产品精益求精的匠人态度，以及对细节的极致追求：老先生亲手捏出的每一贯[1]寿司，醋饭的误差从不会超过 4 粒米。日本企业这样的追求并不仅仅停留在寿司制作上，这种对客户核心价值的深度追求，贯穿了许多企业的经营理念，为日本孕育出百年不衰的企业精神。

本书的作者之一钟思骐先生，是倍比拓在大中华区的初始以及核心团队成员，他本次与王赛博士构思的客户资本三角架构，能够直击企业保有持续竞争力的核心问题，站在公司整体的维度来审视客户价值，结合具体的企业管理手段与方法，帮助企业审视自身的增长质量。在激烈竞争的存量市场环境下，这本书通过深入的研究和丰富的案例，探讨如何将"以客户为中心"的理念融入企业的 DNA 中，实现持续增长和长期竞争优势。

在当前从大国走向强国的历史节点，我认为眼下正是许多中国企业重塑新一波竞争格局的机会，抓住形势，认真思

---

[1] 一贯：寿司的计量单位，旧称"丁"，不同店家对一贯的解读不同，有时是一个，有时是两个，没有统一标准。——编者注

考"快"与"慢"的问题。因此,我推荐这本书给所有希望深化对客户价值的理解的企业领导者和管理者,以及渴望在竞争激烈的市场中立于不败之地的企业。这本书将为你提供独特的思维路径和实践指南,帮助你打造一个真正以客户为中心的企业,让企业从"量变"到"质变",在未来的发展中取得持续的成功!

远藤直纪

倍比拓社长

推荐序二

客户始终是企业存在的理由

华帝股份有限公司（以下简称"华帝"）最早成立于1992年，专注于厨电领域，是中国第一家厨电上市企业（2004年）。三十多年来，华帝致力于成为全球高端品质厨房空间的引领者，"用户至上"是我们企业核心价值观之首，我们一直围绕用户开展技术和产品创新。随着时代的列车飞驰前进，科技日新月异，人们的生活方式也在与时俱进，我们发现，以前的产品思维已经不能适应现在这个时代，如何科学地感知和把握用户价值，在用户层面寻找新的价值突破，是一个新的命题。基于这样的情况，我们找到了倍比拓团队。这家机构在用户体验管理体系建设方面是行业标杆。

2023年，我第一次见到倍比拓的钟思骐顾问和他的团队，他对"客户""用户"的专研和洞察让我十分钦佩，他的观点和我司"用户至上"的核心价值观高度一致。我记得当时我们足足谈了三个多小时，过程非常愉快。他对客户价值创造、用户体验的研究非常透彻，对本质问题的分析有独特的见解，我们在这些问题的观点上有强烈的共鸣。

那次会面坚定了我要与他合作，为华帝全面建立起科学的用户体验管理体系的决心。2024年初，我们合作的项目启动，项目实施过程中给我的团队带来了很多新的认知。我们利用钟思骐顾问提出的"客户旅程地图"工具，深入系统地梳理了用户与我们的每一个触点。以前我们做决策的依据，主要来源于市场数据、行业做法、经验甚至直觉，价值链上的各部门看待问题角度、评价标准通常缺乏一致性。通过这个项目，把大家拉到一个统一的视角——"用户"视角，深入理解用户需求和体验，用科学的方法来思考解决问题的策略和方案，这对于华帝实现以用户为中心、促进高质量增长具有非常重要的意义。

我和钟思骐顾问经常畅聊用户价值的一些话题，因此我也有幸能比广大读者优先阅读到《客户资本》这部作品。结合我经营企业数十年的经历，下面我分享一下看完这本书后的体会：

首先，在存量市场竞争日益激烈的今天，如何最大化客户的终身价值成为企业关注的焦点。这本书通过"客户资本"的概念，帮助企业理解客户资本的重要性，并对企业如何在现代商业环境中生存和发展做了一次全面的重新审视。

推荐序二 客户始终是企业存在的理由

其次，书中深刻洞察了企业增长战略，定义了一种新的增长逻辑，并为企业提供了实现增长目标的具体路径和方法，让我们对如何在不确定性中寻找增长的确定性有了更深的感悟。所以，这本书具有很高的实用性和可操作性，是企业家和管理者不可多得的实用工作指南。

最后，这本书道出了每一个企业家内心深处的呼唤，它提醒我们，无论企业规模是大还是小，客户始终是我们存在的理由。《客户资本》是对这一真理的深刻阐释。

三言两语无法诠释这部专研用户价值创造多年的专家的力作。我推荐各位企业家、管理者、用户研究人员深入阅读本书，我相信你会从中收获拓宽视野、启迪思维的观点和理念。也衷心祝愿各位读者朋友能将这份收获应用到实践中，为企业创造更大的价值。

潘叶江

华帝股份有限公司董事长兼总裁

前 言

不确定性下的增长底线

过去30多年,中国经济发展大幕拉起,突飞猛进。

笔者刚进入咨询行业时,中国企业刚接触到西方的管理模式:相较于过去打"游击战"的发展思路,许多企业开始着眼"科学"的战略规划,将品牌定位、财务预测、流程标准等融入中长期业务蓝图之中,利用关键绩效指标(Key Performance Indicator,KPI)、目标与关键成果法(Objective and Key Results,OKR)、企业资源计划(Enterprise Resource Planning,ERP)等工具帮助自身建立更专业的管理架构。

随着互联网的蓬勃发展,国内商业市场进入数字化、平台化、生态化的黄金10年,商业竞争也由连锁巨头苏宁和国美的"美苏争霸",转变成阿里与京东的"猫狗大战"、奇虎360与腾讯之间的"3Q大战"、五千多家团购企业之间的"千团大战",以及网约车、共享经济、O2O等一系列不胜枚举的商业模式创新……这段时期诞生了许多大家耳熟能详的互联网"大厂",中国企业也在数字化进程上高歌猛进,为全球企业的创新发展提供了范式和参考。

2020年后,疫情、地缘政治、经济结构的调整,传统的增长旋律戛然而止,5%或更低的宏观增长预计将成为"经济新常态"。美团创始人王兴2019年曾说过,"2019可能会是过去十年最差的一年,但却是未来十年最好的一年"。2022年,红杉投资以及独角兽孵化器YC在给内部投资企业未来的经营提出建议时,也不约而同提及自我造血的重要性和做好储粮过冬的准备。

对多数中国企业而言,现今面对的商业环境是陌生的,从增长到韧性,再到韧性增长,是企业不可回避的问题。幸运的是,管理不是玄学,很多企业逐渐掌握了其中的规律:微软近年来因为ChatGPT的火爆而重新进入大众的视野焦点,但微软CEO萨提亚·纳德拉(Satya Nadella)在谈及微软脱离"失落的十年"的关键实则是"忘掉战略,做对客户最好的事"——以客户为中心进行创新,才是微软重新找到动能的底层逻辑。

国内领先的企业亦然。华为终端事业群CEO余承东曾多次表示,华为成功的秘诀不是KPI,而是净推荐值(Net Promoter Score,NPS);京东创始人刘强东也多次强调零售业务要回归用户体验;阿里巴巴董事会主席蔡崇信在接受挪威主权财富基金 CEO 尼古拉·坦根（Nicolai Tangen）专访时，更是直言过去几年阿里落后竞争对手的原因就在于忘记了真正的客户是谁。客户是存量市场中一切增长的锚定点：存量增长的商业逻辑应该是通过口碑获得新客户，提升老客户的留存率，以及提升单用户的购买数量，以最大化每一个客户的终身价值（LTV）。

根据笔者过去的咨询经验，多数企业早已具备了"以客户为中心"的思想，但在企业的实际运作中，这种思想往往是一个抽象且难以衡量的概念，犹如沙漠中的"海市蜃楼"。如何将"以客户为中心"的理想与既有的财务目标、管理体系结合，成为企业管理层需要认真回答的第一道问题。

近年来，学术界出现了大量对客户行为和心理进行探索的研究，并将有关成果逐渐运用在商业实践中：2002 年的诺贝尔经济学奖得主丹尼尔·卡尼曼（Daniel Kahneman，1934—2024）提出"峰终定律"（Peak-End Rule），指导企业如何关注客户体验的关键点；2017 年的诺贝尔经济学奖得主理查德·塞勒（Richard Thaler）提出"选择极端化"（Choice Architecture）的概念，帮助企业通过改变选择环境以引导客户，从而增强客户关系和创造商业价值。在前人的基础上，笔者与《增长五线》作者王赛博士从企业管理的视角出发，把符合客户利益所贡献的良性利润称为"客户资本"（Customer Capital），以客户资本来衡量企业商业行为所创造的客户价值，并以此为框架指导企业实现"以客户为中心"的增长。

根据客户资本的概念，本书提出了"客户资本三角"模型，通过路径层、模式层、机制层三个战略角，帮助企业建立体系化的增长逻辑：

模型的起点是客户使命和客户目标。我们认为，企业应当先明确自身为什么存在，即明晰客户使命，再科学地将客户使命转变为客户目标体系，以指引企业的业务规划与资源配置。

在路径层，利用客户旅程地图工具，企业能够拥有"客户视角"，可以进一步理解自身现状，并在此基础上进行客户全旅程经营与价值渗入。此外，利用不同的客户战略路径，可以使现况与目标有效契合，形成战略选项，以指导企业的资源规划。

进入模式层，随着客户价值的增长，企业又可以通过改变现有客户的对价关系，创造第二增长曲线，以进一步深化客户价值。

为了保障"客户资本"的落实，针对最后的机制层，我们提出要从流程机制、管理模式、数字化能力等环节对客户价值进行统筹性的规划，以"刚性"的举措来引导企业行为。同时，企业也应当将"以客户为中心"的文化融入到企业血脉当中，形成惯性，成为真正的"用户企业"。

前　言　不确定性下的增长底线

企业从"做大"到"做强"的过程中，管理的心态与手段需要改变。国内企业家兼投资人段永平曾对"企业经营"有一段精辟的见解：经营的本质就是消费者导向，赚钱是果不是因。"客户导向"指的是企业在做产品决策的时候，总是基于产品最终的消费者体验来做考虑。而注重消费者体验的企业，往往会把眼光放得更加长远，出"伟大产品"的概率会大很多。

增长是企业永恒的议题，面对外部环境的不确定性，企业需要找到的是穿越周期的增长底线，建立增长的路径，再从过程中实现商业模式的突破，改变增长的曲线。

最后，十分感谢王赛博士和倍比拓（beBit）同事的共同参与，以及山顶视角的出版人王留全先生的策划与支持，让本书有机会把"以客户为中心"的企业经营管理的理念体系化地呈现给各位读者。

面对客户，让我们再谦卑一次。

钟思骐

第一部分

客户资本三角
—— 企业为何而战

第1章

增长、韧性与客户资本

如果要从过去5年企业界年度热词中选一个最热门的，它一定是"增长"——这个词大量出现在全球企业界的峰会主题、顶级商学院的论坛以及企业的战略规划与经营会议中。从2017年开始，微软的管理层就在用"刷新"（Refresh）的方式重塑增长，米其林单独成立创新投资部门来孵化新的增长点，亚马逊在电商平台的基础上建立云服务增长飞轮，华为率先布局5G领域并在全球扩张，字节跳动从互联网信息流产品开始扩张到电商甚至生活服务领域。总之，增长议题成为近年来诸多国际知名企业战略或者营销的核心，成为解决企业发展问题的入口。正如宝洁的前CEO鲍勃·麦克唐纳（Bob McDonald）强调的："对企业来讲，增长是第一要务。"

而今天，增长似乎又遇到了瓶颈：2020年以来新冠肺炎疫情反复、全球经济格局变化、投资保护主义抬头等多种因素交织，世界经济增速显著放缓。2019年底暴发的疫情是人类百年难遇的流行病灾难[1]，3年间已致使全球6亿多人感染并夺去了600万条以上的生命，同时导致世界经济于2020年陷入"大萧条"以来最严重的衰退。疫情下商品与人员流动在各国受到了不同程度的阻碍，使得供给侧生产活动受限，原材料成本亦不断攀升，而需求侧大多数消费者需求下降，于是诸多企业宣称要"去寻找流失的客户"；2021年的经济复苏势头又受到2022年以来国际地缘政治变化的影响——俄乌冲突、全球通货膨胀与美元加息导致经济再次失速，经济的复苏力度如何仍为不确定状态，但可以判断的是，全球GDP增长今后将在一条更为低速的轨道上运行。

在诸多经济学家看来，未来经济增长放缓已成大概率事件，放缓的背后更让人焦虑的在于不确定性。而当下企业家圈子里最流行的话是——如何从不确定性中找到确定性，企业界都想尽快穿越这个黑暗周期。关于不确定性，有很多相关的概念，比如黑天鹅、灰犀牛，现在又有一个提法叫作"疯狗浪"[2]，它们描述的全都是不确定性。关于对形势的判断，

---

[1] 比尔·盖茨（Bill Gates）在个人博客盖茨笔记（Gates Notes，2020-02-29）中曾提及：新冠肺炎可能成为百年不遇的大流行病。
[2] "疯狗浪"是一种强烈的海浪现象，它威力巨大，能够轻易地摧毁船只。尽管它的规模较小，死亡人数较少，但由于其突发性和猛烈性，其破坏力依然不可忽视。这里所说的"疯狗浪"是指类似于"黑天鹅"和"灰犀牛"的风险事件。

第一部分　客户资本三角——企业为何而战

2022年有两个特别重要的文件在网络上流传，一个是红杉资本的内部PPT，另一个是独角兽孵化器YC给内部投资企业的秘信，我们将它们总结为五点：

（1）经济的复苏不会是"V"形反弹，而会经历长期修复。

（2）不计代价追求增长的时代已经过去，市场变得更加关心确定性。

（3）企业想学会赚钱，要有强大的现金流能力。以前企业可以先想办法把自己变得值钱，比如诸多互联网公司，先烧钱，烧出客户与护城河，后去讲赚钱的故事。但是今天，不赚钱、没有清晰盈利模式的增长是有问题的。

（4）资本最大的变化，是过去所谓"正常的融资环境"已不复存在，现在的资本是昂贵的，不管企业融资能力有多强，要假设未来24个月无法获得融资。

（5）估值系统的变化：2022年年中，纳斯达克指数经历20年来历史上第三大回撤[1]。有61%的软件公司、互联网公司、金融公司的价值低于2020年疫情前[2]。但是另一方面，拥抱ESG（环境、社会和公司治理）[3]、AIGC（生成式人工智能）的

---

[1] 以月为单位。
[2] 见红杉资本对其投资组合公司所发出《适应与忍耐》一文。
[3] ESG是英文Environmental（环境）、Social（社会）和Governance（公司治理）的缩写，是一种关注企业环境、社会、公司治理绩效的投资理念和企业评价标准。这种理念主张，企业在追求经济利益的同时，也应该考虑其对环境、社会的影响，以及公司治理的合理性。ESG投资起源于社会责任投资，是衡量企业可持续经营能力的一种指标。

企业获得追捧，这是一个增长价值的调整，要求企业具备快速应对的能力，并及时做出调整。

外部世界的高度不确定性给企业增长带来了严峻挑战，正是在这种环境之下，企业界开始讨论另一个话题——"韧性"，即如何保持公司韧性，从而在高压下增长成为企业增长战略的核心。IBM 大中华区 CEO 包卓蓝（Alain Benichou）不无担忧地指出："我认为世界正处于一个新达尔文时刻，适者生存，就像 800 米赛跑一样，你既要有爆发力，又要有韧性，才能够坚持下来。"韧性公司指的是能够扛住各种风险和不确定性影响的公司，它们能比竞争对手更快从困境中复原。

从增长到韧性，再到韧性增长，我们讨论的目标亦可称为"企业的可持续竞争力"，因为缺乏竞争优势的增长，只能叫作无效扩张，为增长而增长，是癌细胞般的增长之道。我们需要回归到健康的增长模式。本书作者之一的王赛博士在其著作《增长五线：数字化时代的企业增长地图》当中提出过一个增长公式：

企业增长区 = 宏观经济增长红利 + 产业增长红利 + 模式增长红利 + 运营增长红利[1]

---

[1] 王赛：《增长五线：数字化时代的企业增长地图》，中信出版集团 2018 年版，前言 XV 页。

依照这个公式，由于经济整体增长速度放缓，在构成企业增长区的四大要素中，前两大驱动要素开始放缓甚至负向增长，那么，几乎所有企业的增长重心和注意力，都应该从外部"经济增长红利"转到企业内部的"企业增长能力"。在外部增长驱动的时代，企业投入大量资源在找机会，选择风口，是否具备可持续的竞争力不是企业和资本市场的焦点；浪潮过后，企业是否具备内生增长能力已成为伟大企业和平庸公司的分水岭与断层线，谁在没穿底裤裸泳一目了然。但是我们还可以进一步追问：企业内生增长能力的核心锚点应该在哪里？

穿越周期的伟大企业

美国咨询机构创新洞察管理顾问公司（Innosight）发布的 2021 年美国企业存续预测报告显示，标普 500 上市公司的存续时间从 20 世纪 70 年代末预测的 30 到 35 年，明显下降到过去 10 年间预测的 10 到 15 年；而达特茅斯学院（Dartmouth College）教授维贾伊·戈文达拉扬（Vijay Govindarajan）与阿纳普·斯里瓦斯塔瓦（Anup Srivastava）先前对 1960 年到 2009 年在美国上市的全部 29 688 家公司进行研究后，也得出了类似的结论：1970 年以前上市的公司中，92% 能撑过上市后的前 5 年；而 2000 年到 2009 年上市的公司中，上市5年后的存活率仅剩63%[1]。反观中国国内情况亦然，根据2013年国家工商总局发布的一份《全国内资企业生存时间分析报告》中总结国内企业的情况显示，在近5年（2008—2012）内全国累计退出市场的企业达394万家，平均寿命6.09年；从退出企业的寿命情况看，寿命在1年以内的最多，占退出企业总量的13.7%；其次是寿命2年的企业，占13.5%；寿命在5年以内的占59.1%。尽管距离这份报告的发布已过去多年，但该报告呈现的是中国经济处于双位数高速上升周期中的数据，恐怕如今形势的严峻性更胜以往。因此，企业安全穿越经济周期并不是一个大概率的事件。

在充满不确定性的时代，企业内生增长能力的核心锚点应该在哪儿？对于这个问题，也许每个管理者都有自己与众不同的答案，但如果我们回归到企业经营的底层逻辑，现代管理学之父彼得·德鲁克（Peter F. Drucker）曾说过：客户是企业生存和发展的基础，失去了客户，企业就失去了生存的条件；客户想要买的是什么，他认为有价值的是什么，对企业才有重要的意义；客户决定了成就企业的元素——企业生产什么、企业是否会兴盛起来。这也就是"客户第一"的思想，只有当你为客户提供有价值的东西，他才会为此买单。管理咨询大师拉姆·查兰（Ram Charan）也曾提出，只有回归到客户的增长

---

[1] 该数据已剔除网络泡沫和2008年美国经济衰退的影响。

才是真正的增长。过去我们看到的垂直扩张、业务多角化、并购，都必须以客户为基础，否则增长将会成为幻觉。

"股神"沃伦·巴菲特（Warren E. Buffett）在价值投资的过程中也持有类似的态度。巴菲特多次强调，企业的可持续竞争力来自企业需要知道自己能为客户做什么，日复一日地去满足客户的需求，才能建立起企业的护城河。他的搭档兼挚友查理·芒格（Charlie Munger，1924—2023）毕生都在践行更贴近市场和客户的信仰，他外出工作永远选坐公共航空的经济舱，而不是私人飞机，其中最关键的理由是他希望自己一辈子都不脱离平凡生活，能更好地观察与理解这个世界，以保持敏锐的投资嗅觉。

内布拉斯加家具卖场（Nebraska Furniture Mart）是伯克希尔·哈撒韦（Berkshire Hathaway）公司[1]早期对价值实践的例证之一。家具行业里虽然充斥着诸多规模庞大的巨头，但它们的销售表现尚不如一家成立于1937年、位于美国中西部的区域连锁家具零售商——内布拉斯加家具卖场。它的单店年销售额达2.75亿美元，高于大家耳熟能详的宜家（IKEA）等知名家居零售商。这家受到巴菲特盛赞的公司，其总部就在巴菲特的家乡——内布拉斯加州的奥马哈。沃伦·巴菲特曾在

---

[1] 伯克希尔·哈撒韦公司是由沃伦·巴菲特创建于1956年的保险及多元化投资集团。——编者注

1983年的致股东信中提及："我宁愿和大灰熊摔跤，也不愿和布太太家族（内布拉斯加家具卖场的主人）竞争，他们的经营费用低到其竞争对手想都想不到的程度，然后再将所省下的每一分钱回馈给客人，这是一家理想中的企业，建立在为客户创造价值并转化为对所有者的经济利益的基础上。"1983年，巴菲特以5 500万美元收购了内布拉斯加家具卖场90%的股份；2021年，这家卖场的年收入由原来的1亿美元上升到了11亿美元；直到现在，每天晚上，内布拉斯加家具卖场会进行商品标价的更新，在对美国18家领先零售商超过3.9万个库存单位的所有产品价格进行检索后，调整自己的标价，保证顾客从他们这里购买产品享受的是最优惠的价格。

国内企业家兼投资人段永平曾对"企业经营"有一段精辟的见解：经营的本质就是消费者导向，赚钱是果不是因，"客户导向"指的是企业在做产品决策的时候，总是基于产品最终的消费者体验来做考虑，注重消费者体验的公司则往往会把眼光放得长远些，出"伟大产品"的概率会大很多。纵观古今，许多伟大企业背后的经营底层逻辑都是朴实的，不论从战略还是投资的视角，企业可持续竞争力的关键落脚点都是客户。因此，企业内生增长能力的核心锚点已显而易见：通过精细化管理去竞争客户、赢得市场份额的能力。

第一部分　客户资本三角——企业为何而战

良性利润

近年来,"以客户为中心"成为商业界的流行语,许多管理者也的确将它作为企业经营的重要信条。然而,从笔者过去多年的企业咨询经验来看,对大多数企业而言,"以客户为中心"仍是空中楼阁,更多的是一种精神性的象征和一个抽象且难以衡量的概念,能够像亚马逊的杰夫·贝索斯(Jeff Bezos)、美捷步(Zappos)的谢家华、京东的刘强东、亚朵的王海军等企业家那样将这个理念融会贯通到企业经营中的却是凤毛麟角。

明朝的理学大师王阳明曾说:"大道至简,知易行难,知行合一,得到功成。"其中的"知行合一"是企业"以客户为中心"能成功施行的关键。从管理学的角度而言,如果不能衡量,就无法管理。为了更好地具象化并阐释"以客户为中心"的理念,本书融合了国内外关于客户价值研究的文献以及笔者多年的企业服务经验,提出了"客户资本"的概念——我们认为,企业的增长来源有两种:良性利润(Good Profits)和恶性利润(Bad Profits)。良性利润为企业所提供的产品与服务符合客户价值所获取的收入,代表具有品质且可持续的增长;而通过流量购买或是经由企业巧妙"设计"所获得的销售,即便达到了短期目标,但无法沉淀为长期的增长动能,这就是恶性利润。"客户资本"可以用来评估企业良性利润的表现——企业可持续增长的竞争力。

为了系统性地评估并管理良性利润，我们将客户资本拆解成三个关键的客户价值维度（3R）：

客户留存（Retention）价值： 企业增长的首要基础在于企业不流失既有客户的能力。客户留存价值主要是指在一段时期内既有客户复购所创造的收入，反映企业的产品与服务是否能为既有客户创造足够的价值，是企业能保持增长的基础；如果客户留存价值过低，就像希腊神话中推巨石上山的西西弗斯一般，不论企业如何努力，都可能面对徒劳无功的经营结果。不同产品类型企业的客户留存价值计算周期不同，订阅制（Subscription）模式周期较短，可能是以月或季度为单位，耐久财则跟产品更换与升级周期紧密相连，消费电子产品平均周期在1至3年，家电产品可能高达5至7年，甚至更长。

客户潜力（Ramp-up）价值： 在客户留存价值的基础上，企业需要进一步评估客户的潜力价值。客户潜力价值衡量的是一段时期内，既有客户因交叉购买所创造的新增消费。客户潜力价值进一步反映了既有客户对企业依存与喜好的强度，以判断企业是否拥有足够的黏性来有效扩大既有客户的钱包份额。有人做过一项粗略的计算：面向老客户进行交叉销售的成功率是向新客户推销的3倍以上。因此，企业需要有效掌握客户潜力价值来驱动企业增长。

客户口碑（Referral）价值： 客户口碑价值是指企业因为既有客户"推荐"而取得的收入，用来评估企业可持续造"新血"的能力。以互联网行业为例，在流量红利逐渐退去的背景下，电商平台的获客成本也不断飙升。2022年3月亿欧智库发布的数据显示，阿里巴巴2021财年获客成本为477元，相比2020财年提升近2倍，达到四年来的最高点，而拼多多获客成本为578元，京东为384元，均处于历史高位。[1] 在存量的市场环境下，未来新客的获客难度很可能有增无减，企业需要有效分析并管理流量的来源——更多是来自既有客户推荐所创造的自然流量（Organic Traffic），而不是来自因付费而获取的营销流量（Paid Traffic）——确保创造"新血"的可持续性，而不至于陷入传统营销的增长陷阱中。

综上，如果用公式来表示，即：

客户资本 = 客户留存价值 + 客户潜力价值 + 客户口碑价值

客户资本构成如图1-1所示。

---

[1] 亿欧智库：《2022中国私域流量管理研究报告》。

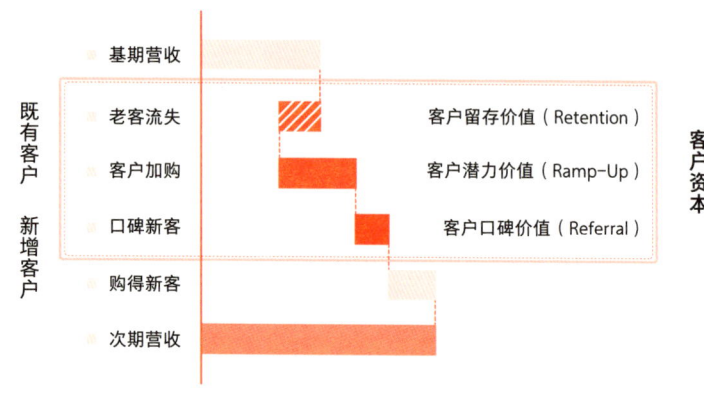

图 1-1　客户资本构成

客户资本除了有助于企业经营与增长的管理外，还能进一步协助企业与资本市场进行有效沟通。美国咨询公司 Watermark Consulting 对美国上市公司在资本市场的表现进行分析后得出结论，擅长客户体验价值经营的企业，其13年（2007—2019）中的累计资本回报率较大盘指数（标准普尔500指数）高出将近108%，相较不重视客户体验的企业高出3.4倍，如图1-2所示。净推荐值之父弗雷德·赖克哈尔德（Fred Reichheld）的研究也获得了类似的结果，他将最受客户喜爱的公司的资本市场表现做成了一个加权指数"弗雷德指数"（FREDSI），并追踪该指数在2011至2020年的表现，结果显示，弗雷德指数的增长幅度是大盘的2.8倍。[1]

---

[1] 数据来源：https://www.netpromotersystem.com/about/how-net-promoter-score-relates-to-growth/。

累积总收益（2007—2019）

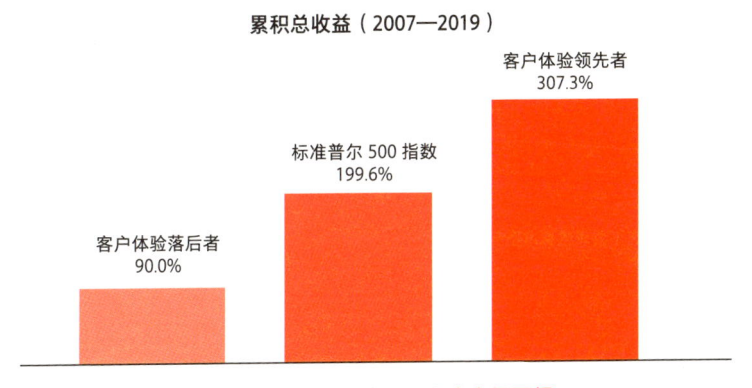

- 客户体验落后者 90.0%
- 标准普尔 500 指数 199.6%
- 客户体验领先者 307.3%

图 1-2　客户体验表现与资本市场回报

究其原因，资本市场除了关注财务数字的绝对表现外，更重要的是聚焦数字背后的"品质"。如图 1-3 所示，传统财务数据本身与客户资本的侧重点有所不同，相较于客户资本，财务数据更多以利润为导向，呈现的是当期经营的成果。客户资本更多是呈现客户价值与影响客户价值的相关指标，对企业未来的增长能力有一定的预测能力。

近年来，各大知名企业陆续公开了与客户价值相关的数据：亚马逊在 2016 年的年度股东函中初次披露了 Prime 付费会员的数量，全球 Prime 会员人数超越 1 亿，这是亚马逊官方第一次披露 Prime 用户数；平安集团从 2016 年年报开始发布个人客户价值经营的成果，包含客户迁徙、客均合同数的资讯；招商银行于 2018 年将零售金融的"北极星"指标从 AUM（资产管理规模）切换为 MAU（月活跃用户人数），并

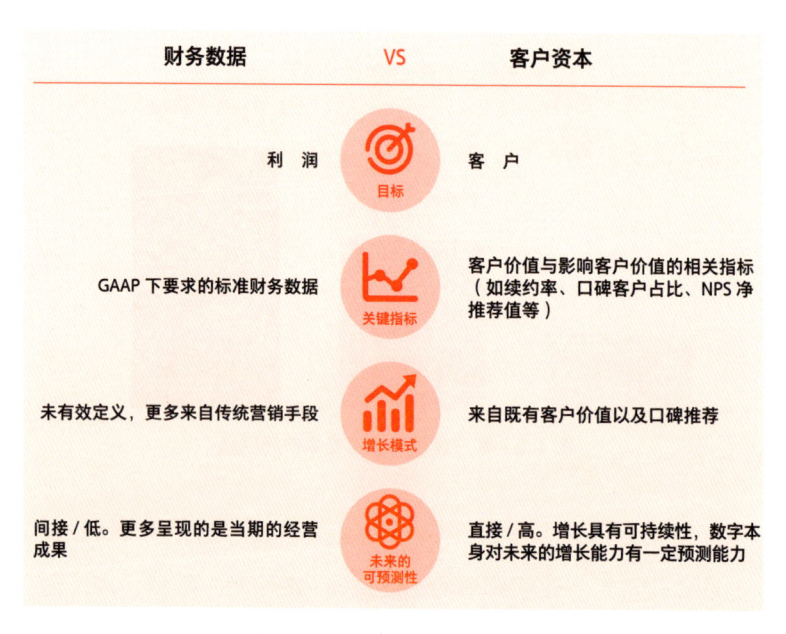

财务数据	VS	客户资本
利润	目标	客户
GAAP 下要求的标准财务数据	关键指标	客户价值与影响客户价值的相关指标（如续约率、口碑客户占比、NPS 净推荐值等）
未有效定义，更多来自传统营销手段	增长模式	来自既有客户价值以及口碑推荐
间接/低。更多呈现的是当期的经营成果	未来的可预测性	直接/高。增长具有可持续性，数字本身对未来的增长能力有一定预测能力

图 1-3　财务数据 vs 客户资本

持续追踪该指标的表现；科大讯飞则在 2021 年公开其产品 AI 学习机的 NPS 指数（净推荐值指数）。这些数据均进一步向资本市场表达了财务数字背后优质的"客户价值"及其潜力。

　　本书提出客户资本的目的并非建立一个复杂的计算逻辑，而是希望通过科学、系统性的定义，将客户价值显性化，以时刻提醒管理层应对良性利润保持一定的敏感性，在企业经营的过程中要确保可持续、高品质的增长。客户资本并非衡量良性利润的唯一指标，随着不同行业的侧重点、企业业态、发展阶段不同，企业可以选取合适的指标来反映良性利润。

本书认为，客户资本仍可被视为存量市场下反映企业财务数字品质的重要指标，可以给资本市场提供更多的资讯，以方便其对企业进行有效判断。

客户资本三角：良性利润的增长管理

通过客户资本对良性利润的衡量形成标准后，企业需要一套管理体系来建立起通往阁楼的阶梯，客户资本三角（Customer Capital Triangle）便可协助企业有计划地达成良性利润的增长管理。如图1-4所示。

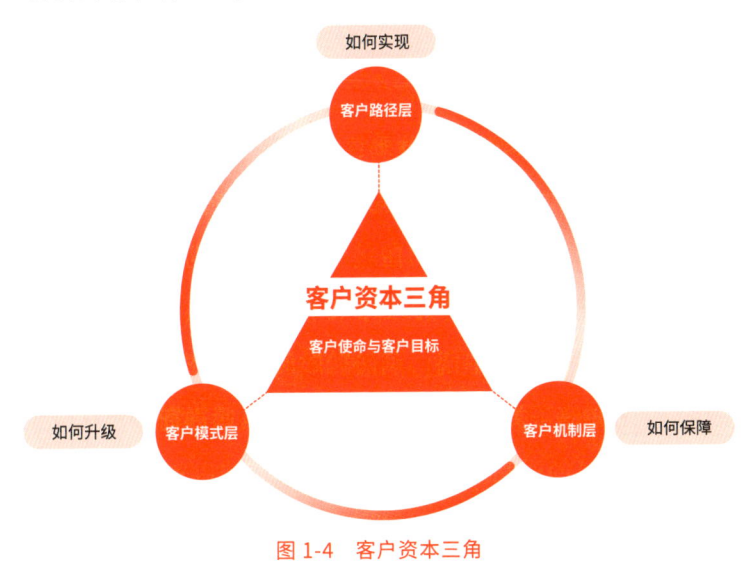

图1-4 客户资本三角

客户资本三角由四个模块构成：在客户资本三角的核心，

企业需要明确客户使命（Customer Mission）与客户目标，作为客户价值的"北极星"指标与企业行为的圭臬；沿着客户价值的北极星指标，企业需要进一步回答"如何实现""如何升级"以及"如何保障"三个关键问题。

在第一个模块中，我们将回答"为何而战"的问题。"以客户为中心"是一个抽象的概念，而企业经营需要将抽象的概念转换为具体的使命与目标。例如，亚马逊从成立时开始，即强调提供多样化选择、高性价比以及尽可能丰富的便利购物体验的承诺，成为其"增长飞轮"的价值原点；开市客（Costco）以满足主流客户高性价比的品质生活需求作为商业模式的基础；亚朵酒店致力于"有温度连接"，将服务升级为精心设计的体验，通过有内容的空间来给顾客提供旅途中安静的力量，与之产生精神上的共鸣；招商银行从"因您而变"的客户理念出发，建立了国内领先的零售银行帝国。这些案例都说明了企业的客户成功均来自一个清晰且明确的愿景与目标。

有了客户目标，在第二个模块中，我们将分析"如何实现"的战略路径问题。哈佛商学院教授迈克尔·波特（Michael E. Porter）认为，战略规划就是企业进行经营取舍并有效配置资源的过程。进入客户时代，传统以产定销的经营模式将使企业难以面对快速变化的市场环境以及消费者需求，企业需要更好地让消费者参与到经营过程中来，将客户权益融合到企业利益当中。客户价值的经营需要企业发展新的能力，从端到端的全客户旅程地图（Customer Journey Maps）来思考企业的优势与体验低谷，更广泛地将客户视角融入日常的运营之中，建立新的经营模型与企业惯性。不论是新兴消费品牌如喜茶、花西子、小米利用私域流量与社群运营来建立与客户零距离的互动，还是传统行业龙头如 vivo、方太、平安保险等不断通过数字化与 DTC（Direct to Consumer，直接面对消费者）模式来强化对市场的敏捷性与竞争力，沿着客户旅程对企业的品牌、产品、服务、触点上均做了不同程度的革新与布局，让大象重新跳舞。

在第三个模块中，我们将回答"如何升级"的问题。通过商业模式的改变，将企业掌握的客户价值最大化。我们将探讨两种不同模式的客户价值重塑，第一种是改变现有客户的对价关系，另一种是建立以客户资产为核心的增长重构。例如，奈飞（Netflix）、Barkbox.com 甚至微软也通过订阅制与其客户维持了灵活但长期的商业关系；开市客通过付费会员制（Paid Membership），改变了零售业的盈利模型；蔚来汽车以车为载体建立了多元的营收增长点，实现了服务产品化（Service Commercialization），将汽车交易从一次性的买卖，变成了长期的客户价值维护；亚马逊、美团、小米、迪士尼等更是利用其核心的客户资产有效地进行多角化经营，建立了第二甚至第三个可持续的增长曲线。虽然不同行业面对的市场与竞争环境各不相同，但以上商业模式的变化与升级，都离不开一个核心的经营本质、一个扎实的客户价值基础。

第四个模块我们将要回到"如何保障"的话题。传统的企业经营更多是"由内而外"的正向管理模式,但随着规模的扩张,正向管理模式往往创造企业内部的"谷仓效应"[1],并逐步失去对市场与消费者的敏感度。因此,企业需要建立具备客户视角的"反向驱动"管理机制,通过流程、组织以及系统来固化组织能力,如亚马逊的"按灯制度"[2]、震坤行的"VOC"会议[3]、小米的"参与感三三法则"[4],以及盛行的客户体验管理软件(Customer Experience Management,CEM),均是协助企业建立反向驱动的制度与工具。

---

1 谷仓效应:指企业内部因缺少沟通,部门间各自为政,只有垂直的指挥系统,没有水平的协同机制,就像一个个的"谷仓",各自拥有独立的进出系统,但缺少了"谷仓"与"谷仓"之间的沟通和互动,这种情况下各部门之间未能建立共识而无法和谐运作。

2 按灯制度:亚马逊内部的一种反馈制度,即一旦有超过两名客户投诉同一产品的同一问题,无论该产品的销售多么火爆,亚马逊的客服都有权点击网页后台所谓的"红色按钮"。该按钮一旦被点击,就会发生两件事情:亚马逊产品页面上的"添加到购物车"和"一键下单"按钮会从产品页面消失,客户就无法购买该产品了,直到产品的缺陷解决才会重新上架。

3 "VOC"会议:Voice of Customer,即用户调研会议,企业邀请一些客户面对面进行交流,目的是收集客户对产品和使用体验的反馈和意见,以便更好地了解客户需求和期望,进而改进产品和服务。

4 参与感三三法则:小米公司在其产品和服务的设计、开发和营销过程中遵循的三个基本原则,包括"三个战略"(做爆品、做粉丝、做自媒体)和"三个战术"(开放参与节点、设计互动方式、扩散口碑事件)。

最后，值得一提的是，客户价值经营最终还是需要回到企业的信仰与文化，"以客户为中心"理念的成功施行有赖于企业高层的以身作则，以及能够将客户文化渗透到一线员工的日常工作之中。美国十大银行之一、被称为"美洲最便利的银行"——道明银行（TD Bank）即以"1 to say Yes, 2 to say No"（先说是，再说否）作为企业核心标语，提醒公司内部各部门的员工无论如何都要对客户提供正向的回复，尽可能地去理解并满足客户的需求，而不是一成不变，一味地拒绝客户的提问。日本的传奇零售商大关超市（Ozeki），以"顾客会不会再回来"作为企业核心经营法则，在核心理念的指导下充分授权当地店长，以当地客户需求为基础做到千人千店的"个体主义"，在增长停滞的日本市场中独树一帜，而落实到底层的企业文化则是企业最核心的竞争力。

如果企业能够做好客户资本管理，即便外部市场充满不确定性，企业也能维持稳定的增长。本书作者之一的王赛博士曾在业界提出"增长五线"理论，对企业的增长模式有一套完整的定义：在《增长五线：数字化时代的企业增长地图》一书中，王赛博士认为增长具有五种不同的形态，并据此为企业增长态势构建出五根线，即"增长五线"，分别是：撤退线、成长底线、增长线、爆发线和天际线。增长五线为处于不同增长态势的企业提供了相应的增长路径设计。

撤退线： 企业或业务在增长道路上找到最好的售出、移除和转进的价值点，进行撤退，实现价值的最大化。

成长底线： 公司或业务发展的生命线，其作用在于保护公司的生死，为公司向其他地方扩张提供基础养分。

增长线： 企业从现有资源和能力出发所能找到业务增长点的一切总和。

爆发线： 在增长路径中可以让业务在短期内呈现指数级增长的线。

天际线： 企业增长的极致所在，决定了企业价值的天花板在哪儿，实际上也决定了企业能跑多远。

客户资本的第一大价值，就是哪怕市场出现任何的不确定状况，企业都能够确保增长的稳定性。成长底线和增长线是两条重要基线。成长底线是企业在不投入任何资本的情况下，企业还能够维持的最低增长；而增长线则指企业在有效的投入情况下维持计划性增长。成长底线和增长线是企业获得健康稳定发展的基础，而好的客户资本管理则是能够保证企业的发展规划能在保证成长底线的前提下完成有计划的增长线。

客户资本的第二大价值就是创造爆发线和天际线。当企业已经有足够的客户忠诚度时（客户资本积累到一定程度时），企业便有机会去进一步对客户资本进行深度变现，改变企业的商业模式，甚至重新确定市场的规模和定义。企业一旦拥有足够的客户资本去改变成长轨迹，就可以创造出爆发线，随后去重新定义市场的天际线。

本书核心谈的是客户，但目的是要在客户身上去建立企业增长的公式。从过去四十多年的改革开放中，我们看到国内许多优秀的企业家以良性利润为基础建立了抵御竞争的护城河，随着市场变化灵活创新，实现了穿越周期的规模成长；与此同时，我们也看到不少企业随着业务成功与规模扩大，失去了在企业初期对客户的坚持与市场的敏感度，于时代的浪潮中起起落落。增长是企业永恒的议题，本书希望直击企业永续经营的核心——我们的增长是来自良性利润还是恶性利润？给企业管理层提供一个系统性的思考方式与工具，在"不确定性"强的大环境下，建立具有"确定性"的增长逻辑——一个能持续增长的商业模式，使企业成为历久不衰的"传奇企业"。

第2章

界定客户使命

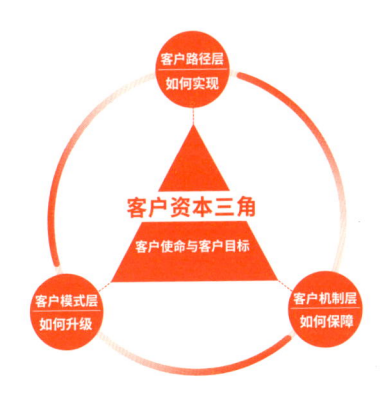

客户资本三角的起始点：客户使命

在第一章结尾，我们提出了客户资本三角的框架，其中，客户使命作为客户资本三角的战略势能点，决定了战略的高度，又作为客户三角体系的定位点（Alignment Point），起到了贯穿整套系统的作用。顾名思义：使命，使之为命。这套系统在商业语言中亦被称为MVV（Mission，Vision，Values），即使命、愿景与价值观，这是所有公司战略的第一道关卡。

谈及使命，两千五百多年前的军事家、政治家与哲学家孙武点出了个中精髓。《孙子兵法》有云："故经之以五事，校之以计而索其情：一曰道，二曰天，三曰地，四曰将，五曰法。""天"是天时，是外部趋势和变化；"地"是地形，是企业所在行业、市场和具体的竞争环境；"将"是组织者，放在企业来说，将就是企业内部员工，尤指管理者；"法"就是组织、管理层面的规则。"经之以五事"的第一条为"道"，道即命，说明企业、组织为何而战。

作为外部市场趋势与内部资源配置关系中的核心枢纽，越是面对不确定的外在环境，使命扮演者承上启下的角色越是关键。使命让企业持续思考自身在市场的定位，保持公司经营价值的一致性，凝聚向心力去应对外部变化；使命又能作为公司内部管理的对标线，去衡量组织者以及组织者管理层面规则的错与对，这也印证了彼得·德鲁克的话："只有明确地界定了企业的宗旨（Purpose）和使命（Mission），才有可能确定清晰而现实的企业目标（Objectives），企业的宗旨和使命是确定优先次序、制定战略、编制计划、进行工作安排的基础，是进行管理工作规划，特别是进行管理结构设计的出发点。"[1]

公司使命 vs 客户使命

正如财经作家吴晓波早年的一篇名文《被夸大的使命》中所言："企业家被'不自觉'地赋予了它不应当承担的社会

---

[1] [美]彼得·德鲁克，王永贵译：《管理：使命、责任、实务》，机械工业出版社2007年版，第78页。

角色和公众责任,他的使命因而被放大。在这一情形中,有的人不堪其重,有的人迷失了职业化的方向,也有的人以使命为旗而行不义之私……任何价值都不应该被低估,任何使命也不应该被夸大。"[1] 吴晓波提出,"被夸大的使命"本质上是企业家把使命作为野心与情怀的一种表演,从而偏离了使命本身实质。这也是我们做咨询顾问时的发现——当下绝大多数企业在进行使命愿景规划的时候,往往落在企业视角,过度强调企业本身应该要达到的目标和状态,而缺乏对企业立足的基础——企业应该提供给客户什么价值的思考。面对外部市场环境、消费者偏好、竞争格局的变化,不论是新创公司,还是立足市场已久的成熟企业,现在的确是重新审视企业使命的时候,这也是我们在客户资本三角中一开始就提出"客户使命"的缘故。

彼得·德鲁克是第一位系统研究企业使命的学者,他非常鲜明地提出了自己的观点:企业宗旨有且只有一个适当的定义,那就是:创造并满足顾客需要就是每家企业的宗旨和使命。"客户使命"才是彼得·德鲁克对使命的原始定义,宣告企业为其客户提供产品或服务的目的,兑现对客户始终如一的价值承诺。与公司使命(Corporate Mission)不同之处在于,客户使命聚焦于客户,聚焦于价值创造的理念,聚焦

---

[1] 吴晓波:《被夸大的使命》,浙江人民出版社 2004 年版,第 12—13 页。

于存在逻辑，聚焦于客户可以感受的结果。沃顿商学院教授乔治·S. 戴伊（George S. Day）所提出的"由外而内战略"（Outside-in Strategy）将"客户"作为连接外部与内部战略的转化点，把增长的核心放在不断发展、保持客户关系上，并上升到客户忠诚以锁定其终身价值，从而实现企业目标。

根据我们多年战略咨询生涯的经验，缺失客户使命的战略极易让企业战略失去"真北"（True North），将客户仅仅视作一种市场猎物或成就数据，而忘却公司存在的目的——有竞争力地创造显著的客户价值。客户战略与运营管理的工具层出不穷，比如增长黑客、顾客账户营销、流量池/客户池、客户旅程设计、客户体验管理等；但是如果缺失客户使命，这些工具只不过是徒有其表的框架，诚如曼彻斯特的生产机械[1]，或者华尔街冷血的数据而已，这也是我们作为旁观者、参与者看到诸多公司说着"以客户为中心"，却无法真正做到的原因，因为他们的大脑中仅把使命看作"公司应该成为什么"，而不是从服务客户的角度去看"公司应该成就客户什么"，这也是公司使命与客户使命的根本区别。

一个成功的客户使命能够帮助企业思考并重新找到市场定位，寻求其中的增长契机。2000年初的墨西哥水泥集团西

---

[1] 曼彻斯特是工业革命时期英国主要的工业中心之一，生产了大量高效、精准的机械设备。这里的意思是说，工具很先进，但是没有被用于服务企业使命。

迈克斯（CEMEX）通过重新定义客户需求以及客户使命，在极为传统的水泥业建立了卓越的市场地位。在2008年的全球金融危机中，西迈克斯被《连线》（Wired）杂志评选为全球经济的领军企业之一，排名仅次于谷歌，微软位居其后；英图品牌咨询公司博略（Interbrand）所发布的全球最受青睐的品牌中，西迈克斯处于最受南美洲消费者欢迎之列，这对to B企业而言是个了不起的殊荣。

西迈克斯为什么能获得巨大成功？这是由于他们的CEO洛伦佐·赞布拉诺（Lorenzo Zambrano，1944—2014）切实发现了客户的需求，并重新定义了客户使命。在过去，市场上多数企业把水泥视为大宗商品，而客户购买水泥通常以体积计算，只看重价格是否便宜，所以这些企业只把价格便宜这一点作为唯一关注的经营目标。

但当洛伦佐·赞布拉诺在与客户密切接触、深入了解他们的需求后，他发现对于客户而言，比价格低廉更为重要的因素有：

● 供货方能否在指定时间把货送达：送货过程中，几小时的耽搁在全部竣工奖金中意味着几百万美元的损失。

● 基粒料的混合：建筑物类型不同，要求的基粒料混合也不同。

● 水泥送达时是否已经搅拌好：搅拌好可以节省大量劳

动力成本。

- 货物送抵的地点：如果直接从卡车上泵入建筑物远比先存储备用为好。

针对这些客户核心需求与机会，洛伦佐·赞布拉诺考察了其他行业的送货模式，并重新制定了西迈克斯的送货模式。比如，达美乐比萨（Domino's Pizza）60 分钟送货上门是怎么做到的？联邦快递在全球范围经营 24 小时内包裹快递，是如何运作的？救援服务采取了什么措施来加快反馈速度？洛伦佐·赞布拉诺学着根据订单的复杂性和送货距离给订单排序，或者把推迟的订单转移给其他供应商；他模仿联邦快递的"转运中心及航线系统"（Hub-and-Spoke）重新安排了分销点，他甚至在施工现场安排了提前应对小组，以满足紧急需求。

现在，搭配着数字化能力，墨西哥水泥集团可以灵活并及时地把建筑材料送抵目的地；即使客户随时修改订单，西迈克斯也能准确地满足客户的特殊要求。西迈克斯的灵活性有助于客户提高建筑施工效率，减少了建筑材料的使用和时间的浪费。在 2006 年，西迈克斯创立 100 周年之际，其市值一度达到 300 亿美元左右，傲视同期其他国际水泥巨头。

西迈克斯的使命宣言在百年庆典时被重申和改写，它把重点放在客户和满足客户的愿望上，而不是强调客户所需要的建筑和材料。从西迈克斯的例子可以看出，尽管十分传统的水泥行业是最不容易实现运营灵活、高效的行业之一，但只要企业将满足客户需求当作追求的目标，重新定义客户使命，并保证顾客的需求能获得满足，就能最大化企业的战略性优势。

客户使命的特性

诚如本书第一章所提及的，近年来，许多企业喜欢直接把"以客户为中心"作为公司主张，尽管这六个字能给人一个宏大的视野，但却过于宽泛，易沦为空洞的口号。客户使命犹如交响乐团的指挥棒，能够锚定企业发展的方向，充分调动企业内部的向心力。从一些成功的企业中，我们发现，理想的客户使命具备四个特性：客户性、引导性、与时俱进、易与员工产生共鸣。

第一，客户使命具有客户性。客户使命需要企业把对客户的价值与承诺列入企业的主张当中，比如亚马逊在其客户使命中就写着"通过网络和实体店服务消费者，注重选择、价格和便利"。为客户提供多样化、高性价比商品以及尽可能便利的购物体验是亚马逊对客户的承诺和态度，这一客户使命传达出亚马逊客户利益优先的决心，也是亚马逊著名的"增长飞轮"的价值原点。全球最大的B2C购鞋平台之一美捷步强调"传递快乐"、给顾客带来"无敌式用户体验",实行令顾客惊叹的产品与服务政策,在竞争激烈的网购市场中脱颖而出。招商银行以"打造最佳客户体验银行"为企业愿景,其"因您而变"的以客户为出发点的理念从未发生改变,因此从零售银行的体验设计到线上线下全链路的数字化服务,都颠覆了传统银行以管理流程为中心的经营模式。

第二,客户使命也应具有引导性,它不应该是一个空洞的口号,而应该是一个实现价值承诺的过程,能具体反映企业对客户价值与定位的诉求,进一步引导企业相关战略的制定,并与不同利益相关者(股东、市场、管理层、员工、供应商等)建立相同的沟通语言,形成对企业发展的共同预期。

开市客的客户使命是满足主流用户对高性价比品质生活的需求,在其客户使命引导下,开市客拥有清晰的客户定位,从而做出了相应的商业模式设计。相较于其他零售巨头如沃尔玛,开市客更加聚焦在中产人群的痛点上——如何高效找到物美价廉的商品以解决生活中的问题:开市客砍掉大量无用的SKU(最小存货单位),精选出爆款商品,并在售后服务上做到退换货不设期限,让客户没有后顾之忧,降低了客户选择的时间成本;同时,开市客不靠商品赚钱,主动将销售商品的利润压缩至仅维持运营所需,把节省的采购成本回馈给会员——开市客将盈利模式放在会员制度上,因为会员费是其核心利润的基础。会员服务越卓越,开市客的客户忠诚度以及竞争壁垒就越稳固，在某种意义上，开市客可以被视为一种另类的互联网公司（有效联结会员、清晰解决客户所需、价值诉求明确、具备客户可持续性交易的基础）。

同样，6年时间将四千多万元不良资产转变为30亿元销售额的阿那亚，倡导"人生可以更美"的理想生活价值观。阿那亚定位大都会区25至35岁新中产群体，通过深度挖掘核心人群的需求，树立明确的客户定位以及产品服务内涵：从满足生活配套的服务，如建社区食堂、儿童托管中心、管家团队等，到满足精神乌托邦的文艺设施，如美术馆、图书馆，以及每年约1500场各类活动，包括用户自发组织的活动。阿那亚为新中产提供了找回本我的场域，创造了居民实现情感和精神价值的新生活方式，打造了独树一帜的休闲度假品牌。

不管是传统的会员零售企业开市客，还是拥有新生活理念的阿那亚，总之，好的客户使命需要明确客户承诺来指导企业经营决策。

第三，客户使命是与时俱进的。客户使命是联结外部环境以及内部战略资源的枢纽——促使企业更加关注外部需求的变化，以保持足够的客户敏感性，能主动并及时地应对市场上的变化，与时俱进，强化企业韧性。以国内银行业为例，20世纪90年代，五大行与市场主流银行以企业客户为营收主要来源，零售及个人客户被视为"边缘化业务"，那时理财、贷款是为少数人提供的金融服务，国内绝大多数银行尚未联网，银行卡还不能跨区使用，要实现全国范围内的通存通兑几无可能，线上购物、线上支付更是天方夜谭。

于是，招商银行决定在中国建立一家真正的商业银行，践行"因您而变"这样一个以客户为中心的客户使命。1995年，招商银行率先推出明星产品"一卡通"，实现了"穿州过省，一卡通行"；2004年，招商银行成为业内第一家在银行体系内把零售作为战略主体的银行企业，建立了"客户满意度指标体系"；2010年，招商银行适时推出掌上生活App，进行多元化场景布局，向生活类的超级应用跨越；2014年，招商银行提出"轻型银行"的概念，以App取代银行卡，打造线上线下一体化的全渠道服务体系。

据招商银行的年报，其2022年营收逼近3500亿元，实现营业利润约1400亿元，其中，零售金融业务营收占比高达55.5%。招商银行确立了"因您而变"的客户使命，跳出一味追求短期财务指标的怪圈，以提升用户价值和体验为目标。在过去20年间，尽管外部市场环境与企业管理理论不断更迭，我们仍可以从招商银行的各种公开文件中看到他们对于"客户至上"的坚持与不断升级的价值内涵。

第四，客户使命需要易与员工产生共鸣。当员工认同企业的客户使命时，他们将自觉受到企业价值观的驱动，高效投入工作，发自内心为客户提供最好的体验。美国著名的小华盛顿客栈（The Inn at Little Washington）拥有被誉为"比天堂更舒服"的用餐环境，主厨帕特里克·奥康奈尔（Patrick O'Connell）对待客户体验有一个独特的管理方法叫"心情分数"：小华盛顿客栈的员工目标，是不想让客人离开时的心情分数低于9分，所以当有一桌客人的心情分数看起来低于9分时，整个管理团队就必须同心协力地改变局面。受到让客人满意的价值观驱动，服务员便会认真思考如何为客人提供最好的用餐体验，并融入日常的工作行为当中。例如在点餐环节，一项有趣的规定是"Don't say NO"（不要说不），面对客人询问某项菜品的建议时，服务员需要详尽地介绍料理的食材和调味料，让客人有足够的信息做决定。"以态度选才"是帕特里克·奥康奈尔挑选员工的最重要原则。他凭借长期的面试经验发现，员工如果以正面或感恩的方式来陈述过去的经历，他们多半更在乎别人的感受，也更容易发自内心地为客户提供最好的体验，跟客户使命产生共鸣。

构建客户使命

使命之难，在于"使之为命"之难。界定企业目的与使命并不简单，而是困难、痛苦并且具有风险性的工作。但唯有如此，企业才能设定目标，发展策略，集中资源，有所行动；唯有如此，企业才能管理绩效。企业在客户使命的构建上，需要充分考虑外部市场与客户环境、创办人（管理者）的预期、企业内部资源的定位，基本上可以从市场客户机会、目标客户价值主张、客户创新诉求几个面向来提炼客户使命的核心元素。如图 2-1 所示。

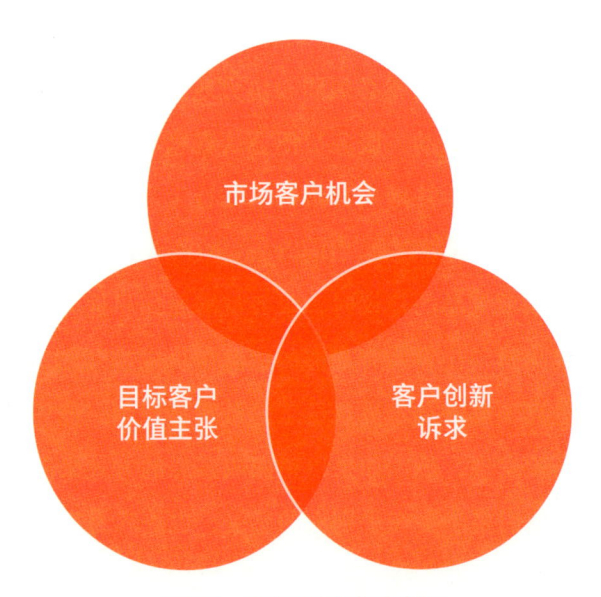

图 2-1　客户使命的构建来源

首先，客户使命可以源自市场上的客户机会，并有效反映企业战略定位的选择，以支持企业战略路径的实现。从市场趋势中建立客户使命不代表该战略定位没有竞争对手，而是企业愿意在使命层级建立起足够的决心来抓住市场上的客户机会。以前面提及的招商银行为例，招商银行察觉到市场上零售客户业务的趋势机会,提出"因您而变"的客户使命,实现了"打造最佳客户体验银行"的愿景。再举一个例子,全球市值最大但一度濒临破产的玩具巨头乐高(LEGO)以启迪和培养未来的建设者作为企业的核心使命,并追求在这个使命领域做到最好。虽然玩具市场上出现了各种数字产品,以及层出不穷的挑战者,但乐高依旧在各种环境中出色地完成了自己的使命。

另一种常见的客户使命构建方式在于明确目标客户的价值主张,聚焦企业想要传递给内外部的关键信息,进一步显化企业对客户的承诺,有效占领客户心智,例如开市客和亚马逊。开市客的客户使命是满足主流用户高性价比的品质生活需求,从而专注于为客户挑选物美价廉的商品,降低客户的总付出成本(包含具体消费付出和时间选择成本);亚马逊则是在其客户使命中写道:"通过网络和实体店服务消费者,注重选择、价格和便利。"它凭借着强大的线上网络与线下实体仓储物流的协调和融合发展,为顾客迅速送上所需货物。国内餐饮连锁巨头之一西贝餐饮以"一顿好饭,随时随地"为企业愿景,制定了"好吃"战略,实行"非常好吃,非常干净,非常热情"的价值主张;西贝对客户承诺"闭着眼睛点,道道都好吃",这个承诺倒逼出羊肉串、西贝面筋、浇汁莜面等数个年销售额过亿元的爆款菜品。

如果前两个维度更多是从市场与客户本身来寻求答案,

最后一个维度可以从企业自身的客户创新诉求出发，从企业本身对未来理想的客户状态进行定义与描述，来引导市场与企业的发展。坐落在长春的商业复合体、室内度假文旅小镇"这有山"则是重新定义了"度假目的地"。它是东北平原上一座具有强烈年代感的现代山丘景区小镇，把大山装进盒子里，整座山高约30米，沿着山坡向上走，有小吃街、话剧院、博物馆、书店、影院、展览、酒店……是独一无二的集吃、喝、玩、乐、住于一体的微景点。它的创造者吕兴彦不想把这里做成一家传统的购物中心，于是给自己定了三个规矩：一是不招有传统购物中心经验的人，二是招商全部交给年轻人，三是购物中心型的品牌能不招就不招，连锁品牌也尽可能不要。吕兴彦要做的是为客户打造兼顾衣食住行的"人造景区"，而非传统购物中心，更准确地说，是"3—24小时都市短期度假目的地"，重新定义了度假目的地，吸引比传统商场更多的人流，从而获得盈利。

构建一个定位清晰、诉求明确的客户使命，表明了企业"以客户为中心"的决心，也是企业具象化客户导向经营的关键第一步。

CEO 是客户使命的第一责任人

在本书第 1 章中曾经提到，现代企业的运行规划有一套

第一部分 客户资本三角——企业为何而战

非常成熟的目标与拆解过程。当企业对业务目标进行拆解管理时，可能会与从客户视角出发的增长产生冲突，这就导致从客户视角出发的客户使命跟企业运作惯性有时候是相冲突的，而这些冲突则需要由公司最高管理层来进行协调和化解。

在各个企业对"以客户为中心"的不同解读中，互联网巨头亚马逊有自己独特的理解。创办人杰夫·贝索斯曾说过："零售商分为两种，一种想办法怎么多赚钱，一种想办法让客户省钱。"对于亚马逊而言，"以客户为中心"是公司目标的本身，而不是实现其他目的（比如扩张、盈利）的手段。在每一年的亚马逊CEO致股东信中，杰夫·贝索斯都会附上一份1997年致股东信的副本来请股东们共同督促和见证亚马逊对当年客户使命的践行。

在那封1997年的信中，杰夫·贝索斯概述了亚马逊获得成功的基本标准，就是坚持不懈地关注客户、创造长期价值而不是企业短期利润。我们整理1997至2021年所有的亚马逊CEO致股东信后发现，几乎每一年，杰夫·贝索斯，包括2021年出任亚马逊CEO的安迪·贾西（Andy Jassy）都会讨论到如何践行客户使命，为客户具体做了些什么。

1997年：我们将继续毫无保留地专注于用户。
1998年：我们担心的是用户，不是竞争。
1999年：最以客户为中心的公司。

2000 年：对电子商务依然保持信心，颠覆用户体验。

2001 年：坚持用户至上。

2002 年：低价和优质用户体验，现金流转正。

2003 年：我们总是使用"用户体验"这个词，它包含了我们呈现在用户面前的一切。

2005 年：用数据做定量分析，改善了用户体验和成本结构。

2006 年：当启动一项新业务时，我们会持谨慎态度，注重资本回报、可能达到的规模，以及推出客户所关心的差异化的产品和服务。

2007 年：我们知道，只要我们坚持客户至上，我们可以实现这样的期望。

2008 年：从顾客需求出发的"逆向工作法"。

2009 年：我们的 452 个目标中，有 360 个目标直接和用户体验有关。

2010 年：创新技术工具，改善用户体验。

2012 年：永远聚焦关注客户，而非竞争对手。

2013 年：当我们真正能够服务于客户时，便会加倍下注，希望取得更大的成功。

2014 年：用户可能很快就能觉察到这会给他们带来史无前例的购物体验。

2015 年：我说的是以用户为中心而不是以竞争对手为中

心，对创新和领先的渴望，愿意失败，长远思考以及卓越的运营。

2016年：保持Day1状态，客户至上。

2017年：如何面对不断上升的客户期望而始终立于潮头？单一的方式是行不通的，必须结合多种方法。

2018年：奖赏来自顾客们的反馈，他们把在亚马逊商店购物的经历形容为"神奇的"。

2019年：亚马逊正在积极采取行动，保护我们的客户免受试图利用这场危机的坏人们的伤害。

2020年：我们一直希望成为世界上"最以客户为中心"的公司，我们不会改变这一目标，这就是我们走到这一步的原因。

2021年：我们相信这些客户体验永远可以变得更好，我们努力让客户每天的生活更美好、更轻松。

除此之外，杰夫·贝索斯几乎在每一次商业场合的发言中都会谈到亚马逊是如何做到重视客户体验这件事的。杰夫·贝索斯在亚马逊成立之初所提出的愿景和使命，这些年来并没有因为亚马逊规模的改变而有所不同。在国内的企业当中，也有许多企业CEO在各种场合中多次强调客户体验的重要性，如vivo的CEO沈炜在过往的新春致辞中都会强调坚持用户导向才能创造出更多伟大的产品。在2022年京东内部会议上，久未露面的 CEO 刘强东提及自己早年为京东商城做客服的经历：他直接在办公室席地而卧，并把闹钟设定为两小时响一次，每次闹钟一响，就会在木地板上振动发出声响，他就爬起来回复顾客消息，他强调，京东需要永远以用户体验为先，强调零售业务要回归用户体验。喜茶创始人聂云宸多次在采访中强调喜茶是"站在消费者的立场上"的产品，在每次新品上市前都会花大量时间去做用户调研。而国内大多数企业"以客户为中心"根本无法落地的一个根源在于——CEO 离财务数字最近，离客户最远。这也是为什么我们在本书第 1 章中通过"客户资本"把客户价值显化，来时刻提醒管理层对客户价值保持一定的敏感性，并提供资本市场更多资讯来对企业进行有效判断。

大多数企业对销售额与盈利的增长念念不忘，但是却忘记了这些数据背后的驱动力来源于客户。从公司使命转化为客户使命，可以帮助企业从"由外而内"的视角明确企业目的，也意味着企业将重新思考自己在客户利益中扮演何种角色。高呼"企业使命"的大多只是傲慢宣布自己的野心或理想，对客户只字不提，极易使企业盲目追求短期利润最大化，而客户仅仅成为企业达到目的的手段。过去这些企业使命大多数是"最大化创造股东价值""成为行业的市场领导者或颠覆者"，虽然从企业战略的角度来看这无可厚非，但这是创始人真正创业的动机吗？它能让企业从众多具有类似使命宣言的竞争者中脱颖而出吗？这是公司存在的价值和理由吗？将使命客户化，才能真正看到公司的价值所在。迪士尼的客户使命是为客户建立全世界最快乐的地方，点亮心中奇梦；丽思卡尔顿酒店将自己定义为"我们是为淑女和绅士们服务的淑女和绅士"；沃尔玛之所以创立，是因为山姆·沃尔顿（Sam Walton，1918—1992）立志要"让普通人也能像有钱人那样购物，沃尔玛为客户省钱，让他们生活得更美好"。20世纪80年代，麦肯锡咨询公司深入调研了43家杰出的模范公司，其中包括IBM、得州仪器（Texas Instruments，TI）、惠普、麦当劳、柯达、杜邦等各行业中的翘楚，并在此基础上推出了著名的7S战略模型（Mckinsey 7S Model），指出企业在发展过程中必须全面地考虑各方面的情况，包括结构（structure）、制度（system）、风格（style）、员工（staff）、技能（skill）、战略（strategy）、共同的价值观（shared values）。在这七个要素中，结构、制度和战略被认为是企业成功的"硬件"，风格、员工、技能和共同的价值观这些是企业成功的"软件"，它们更难以识别、难以触碰、难以复制，这也是我们在阐述客户资本三角时以"客户使命"为开端的原因。

缺失客户使命，再精巧的客户战略也会失去准心。它不见得要出现在企业每天的经营会议中，但一旦成为使命，它将深入企业的骨髓，并且贯穿在企业以客户为中心的整个转型战略的实施过程中。

第3章

定义客户目标

客户资本三角
客户使命与客户目标
- 客户路径层 如何实现
- 客户模式层 如何升级
- 客户机制层 如何保障

客户使命与客户目标

在为何而战这个环节中，企业需要思考自己的"客户使命"是什么，其答案虽然可能只是短短的一句话或几行字，却能回答一个最核心的问题——"企业为何存在"。然而，仅有客户使命仍然难以指导庞大的企业机器保持正确的航向。正如美国职业棒球大联盟（MLB）的传奇捕手尤吉·贝拉（Lawrence Peter Berra，1925—2015）所说："我们迷路了，但我们开得很顺，正在快速前进！"彼得·德鲁克在其名著《管理的实践》（*The Practice of Management*）一书中提出了"目标管理"的概念，他解释道："目标不是命运，目标是方向；目标不是命令，目标是承诺。目标不能决定未来，目标是经理人借以动员一个企业的资源与动力，用来创造未来的手段。"[1]

本章的主要内容就是论述企业如何才能够科学地将客户使命转变成客户目标体系,以具体指引企业的业务规划与资源配置。

长期以来,企业普遍围绕财务目标来进行业务规划,将财务指标拆解到各个部门和流程环节,并在此基础上建立企业日常经营的惯性。但这些经营习惯并非为了满足客户需求或是解决客户的问题,而是为了达到部门目标而产生的企业行为,因此形成了著名的"谷仓效应",造成部门之间的壁垒。建立客户目标体系就是要有效打破企业内部壁垒,重新在企业庞大的体系中导入客户视角的思考,将客户使命融入企业日常运行之中,对企业行为提出有效的指引。例如:招商银行在向零售银行转型的过程中,导入"平台活跃度"(MAU)来衡量客户的留存价值;中国平安保险集团以"个人客户购买产品数""跨平台/业务客户迁徙数"作为关键指标,来评估生态圈内个人客户的增值潜力;抖音电商、华为引入净推荐值,确保在保障用户体验的前提下开展业务与经营;流媒体平台奈飞以"观看时长"来衡量用户黏性与留存,进而评估企业业务的吸引力与商业潜力。各领域的领先企业均在思考建立有效的客户目标体系,以便抢先在存量市场建

---

[1] [美]彼得·德鲁克:《管理的实践》,机械工业出版社2019年版,第59页。

立具有韧性的新的企业竞争力。

从管理学的角度来说，目标如果不能衡量，那就无法管理。企业在建立客户目标体系的过程中，需要思考如何来选择与量化目标（见图3-1）。一方面客户目标要能够有效地映射与预测未来的商业成功（或保持企业外部竞争力），另一方面要能够对企业经营行为形成有效的指引。以下我们就如何建立客户目标体系做更进一步的探索。

图 3-1　客户目标的角色

建立客户目标体系

如何"评价"客户价值，并以此为基础来"选择"目标并进行客户管理，学界与业界并没有一个统一的答案。大家耳熟能详的，当属20世纪80年代末罗伯特·肖（Robert Shaw）和梅林·斯通（Merlin Stone）于《数据库营销：战略与实施》（Database Marketing: Strategy and Implementation）一书中提出了客户终身价值（Customer Life-cycle Value，CLV）的概念，通过客观量化客户对企业的价值贡献，来作为企业目标制定与客户评价的基础。客户终身价值是指在留住客户的前提下,企业从该客户/整体客户持续购买中所获得的利润流现值,其中包含历史价值(到目前为止已经实现了的客户价值)、当前价值(如果客户当前行为模式不发生改变的话,将来会给公司带来的客户价值)和潜在价值(如果公司通过有效的交叉销售可以调动客户的购买积极性,或促使客户向别人推荐产品和服务等,从而可能增加客户价值)三个部分。

客户终身价值的应用获得了广泛的研究与延展。马里兰大学商学院罗兰·T.拉斯特(Roland T. Rust)教授在其所著的《顾客资产管理》(*Customer Equity Management*)中,用马尔可夫转移矩阵来进一步完善客户终身价值模型,加入外部竞争态势以及客户迁徙的变数,例如市场上其他相关品牌的客户留存概率,以及从一个品牌转换到另一个品牌的可能性等。为了提升客户终身价值的应用场景,哥伦比亚大学商学院苏尼尔·古普塔(Sunil Gupta)与唐纳德·R.莱曼(Donald R. Lehmann)在《关键价值链》(*Managing Customers as Investments*)一书中简化了客户终身价值的计算方法,计算公式如下:

$$CLV=mr/(1+i-r)$$

公式中,m 为利润,r 为保留率,i 为贴现率(指把将来的收益折算至当前的转换率，让企业更容易取得客户终身价值的计算成果）。

客户终身价值为企业从客户视角来计算商业成效带来极高的思考价值与启发，同时随着IT技术发展，客户数字资产的丰富性大幅提升，这对于客户终身价值的计算有着极大的帮助。在客户终身价值的实际应用上，企业仍面临着许多管理上的挑战。

偏静态： 客户终身价值的计算，是以企业所面对的客户构成与市场态势作为计算起点的，在市场出现较大变化或是企业客户结构和消费者行为出现转变的时候，客户终身价值往往会面临大量参数的调整。

复杂性： 虽然苏尼尔·古普塔与唐纳德·R.莱曼将客户终身价值的计算做了极度精简，如在计算过程中简化不同参数的获取方式等，但客户终身价值的计算过程仍有赖于大量主客观数据的输入，这对于数字基础差的企业来说，起始门槛较高。

微观性： 客户终身价值以单个客户或聚类客户作为计算的维度，模型搭建过程更多是由下而上的过程（衡量与加总每个人／每一群人可创造的商业价值），对于客户目标管理中需要更多从顶层拆解来指引资源配置的战略逻辑并不是十分契合。

长期性： 客户终身价值强调的是"终身"，即"一段时间"客户所创造价值的总和（不管是不是做贴现率的计算）。

尽管客户使命以及以客户为中心是一个长期的工作，但落实在客户目标管理上，需要的则是一个更"短中期"（3至5年）"可执行"的规划，以有效指引企业行为与路径。客户终身价值的相关理论为企业在探索与评估"客户价值"道路上提供了一个清晰的框架。为了将客户价值融入企业的日常经营之中，为其建立目标并进行更好的客户管理，本书提出了"客户资本"的概念——将企业的增长贡献进行结构化的拆解，把符合客户利益所创造的良性利润称为客户资本。通过衡量企业一定周期内客户资本的变化，来审视企业的商业增长质量以及可持续性。

客户资本建立起了一个计量基础，以对齐客户价值与企业财务之间的关系。这就像海上矗立的灯塔，引领企业朝正确的方向迈进。但如何让客户资本能够更好地定义与管理企业行为，企业需要搭配建立其他相关指标，诚如航海中所必备的地图与罗盘，形成"以客户为中心"的目标管理体系，对企业经营提供过程性的引导。

根据笔者过去的经验，以客户资本为基础的目标管理体系由客户体验指标（Experience Data，X-Data）以及客户运营指标（Operation Data，O-Data）两个主要模块构成（见图3-2）。其中，客户体验指标让企业从客户视角来检视企业战略是否能够有效地被客户感知，以及企业是否足以形成与竞争对手差异化的壁垒。例如，会员制超市以精准客群的极致性价比来建立与电商及普通超市的差异化定位；友邦保险在国内以高质量的代理人队伍和增值服务与具有规模优势的综合型保险公司竞争。客户运营指标则是审视与追踪经营过程中的关键场景，判断企业的日常行为是否满足目标用户最关注的诉求。例如，对于对时效性要求较高的行业如物流企业而言，"完美订单履行率"是影响企业竞争力最为关键的指标之一。

```
                        客户资本
         客户留存价值 + 客户潜力价值 + 客户推荐价值

      客户体验指标                    客户运营指标

  价    价    价    价          关    关    关    关
  值    值    值    值          键    键    键    键
  定    定    定    定          指    指    指    指
  位    位    位    位          标    标    标    标
  1     2     3     X          1     2     3     X

  检视企业战略是否能够有效地被客户      追踪经营过程中的关键场景，企业
  感知，是否足以形成与竞争对手          的日常行为是否满足目标用户最关
  差异化的壁垒                          注的诉求
```

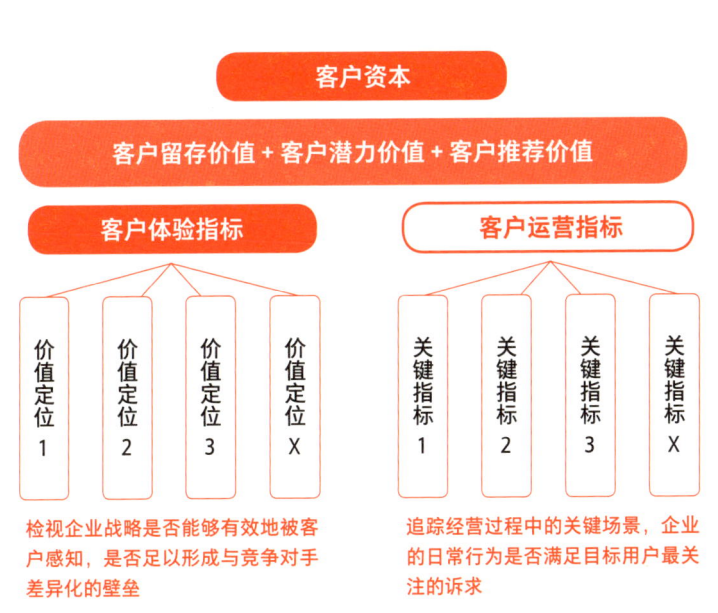

图 3-2　客户资本目标管理体系

客户体验指标

企业以客户反馈的主观评价来进行目标管理由来已久，

早期的客户满意度（Customer Satisfaction，CS）、客户费力度（Customer Efforts Score，CES）、用户体验情绪评估[1]等均是企业常用的评估指标。2003年，弗雷德·赖克哈尔德提出"净推荐值"，这一概念从更直观的视角，用简单易懂的衡量方式，以及与财务结果[2]更高的相关性，广泛应用于企业整体的管理指标中，其并非仅仅是单一业务环节（例如客服）的管理工具。净推荐值通过一道直观问题来获得客户对于企业的主观评价：您是否愿意将"某某公司/产品/服务"推荐给您的亲友？根据愿意推荐的程度让客户在0~10之间打分，然后根据得分情况来建立客户忠诚度的三个范畴。如图3-3所示。

图3-3 净推荐值及其三个范畴

---

[1] 用户体验情绪评估是指在用户体验研究中，当用户与产品或原型互动时，通过工具对用户的情绪进行一定程度的评估。如自我评测模型（Self-Assessment Manikin, SAM）、PAD情感模型。

[2] 如复购率、钱包份额、人均单价等财务表现。

推荐者（得分为 9 或 10 分）：具有狂热忠诚度的人，他们会继续购买并引荐给其他人。

被动者（得分为 7 或 8 分）：总体满意但并不狂热，会考虑其他竞争对手的产品。

贬损者（得分在 0~6 分）：使用并不满意或者对该企业没有忠诚度。

净推荐值的计算则是将推荐者的比例扣除掉贬损者的比例，获得一个具体的分值来评估客户对于该企业的忠诚程度，用公式表示如下：

净推荐值 =（推荐者数 / 总样本数）× 100% —（贬损者数 / 总样本数）× 100%

净推荐值有效推动了企业对客户目标体系的重视与理解。例如，华为终端事业群（BG）CEO 余承东曾多次公开表示，华为终端的核心 KPI 就是净推荐值，这是华为突破高端市场、对标苹果成功的关键；造车新势力理想汽车的创始人李想在衡量企业举措是否正确时，也以净推荐值是否显著提升作为评价指标之一。抖音电商总裁魏雯雯也表明，在国内巨头林立的电商市场，抖音电商快速且持续的增长秘诀来自其带来的"正向价值"——让世界变得更好。举例来说，商品交易总额（Gross Merchandise Volume，GMV）、日活跃度（Daily Active User，DAU）是电商常用的经营管理指标，然而这两个指标都不是抖音电商的终极目标，因为这两项指标即使做好了也不代表能给平台带来"正向价值"，只有通过净推荐值的提升，围绕用户全链路的满意程度展开工作，才是长远发展的基础。

客户运营指标

客户运营指标是客户目标体系中另一个重要构成，相较于主观的客户体验指标存在样本偏差、数据获取难度高与波动性大等特点，客户运营指标的客观性与及时性给企业提供了一个相对稳定的补充维度。企业每天产生大量的经营数据，但不是每个经营数据都具备客户属性，企业需要沿着客户资本以及战略侧重，定义合适的经营指标，以支撑"以客户为中心"的企业理念的实现。例如，对于互联网平台而言，广告虽然是实现收入的重要来源，但低品质的广告却是降低客户留存价值的重要影响因子，因此广告完播率就是一个需要守住的体验底线。

西贝餐饮为达到菜品"好吃"的企业愿景，建立了一个有趣的衡量指标，即退菜率——退菜率必须要控制在1%以内；同时，每家门店都设有一台红冰箱，被放在十分显眼的位置，冰箱里存放着被客户投诉的退菜或自检发现的不合格食材或菜品，通过分析红冰箱内问题菜品出现问题的原因而找出店内的潜在问题，使餐厅自我审视，获得更多的进步。很多连锁餐饮的中央厨房与消费者的喜好常常在企业规模扩张后有所脱钩，而退菜率倒逼西贝在后厨推行全面的精确测量，以确保菜品的受欢迎度。

招商银行通过战略性的运营指标，将"因您而变"的客户使命做了一个完整的解读：招商银行为了将零售银行业务作为战略发展重点，在2018年将经营目标从重交易的AUM（资产管理规模），变为重交互的MAU（月活跃用户），并在当年年报中进一步指出，零售业务将建立以MAU为目标的"北极星"指标，根据不同客户需求提供差异化的服务，建立分客群服务体系，提高经营能力，促进经营与拓客良性循环的形成。

随着月活跃用户显著提升至较高水平，虽然2020年末资产管理规模被重新提至与月活跃用户并重的高度，成为移动端升级的核心抓手，但资产管理规模这颗"北极星"造就了招商银行近几年来数字渠道的飞速成长。"北极星"指标打开了以客户为中心的道路，在庞大的金融体系之下，成为指引庞大的企业机器完成并固化企业行为的关键。如图3-4所示。

"客户导向"无疑是企业经营亘古不变的方向，但面对庞大且复杂的企业机器，仅靠客户使命无法对企业行为形成

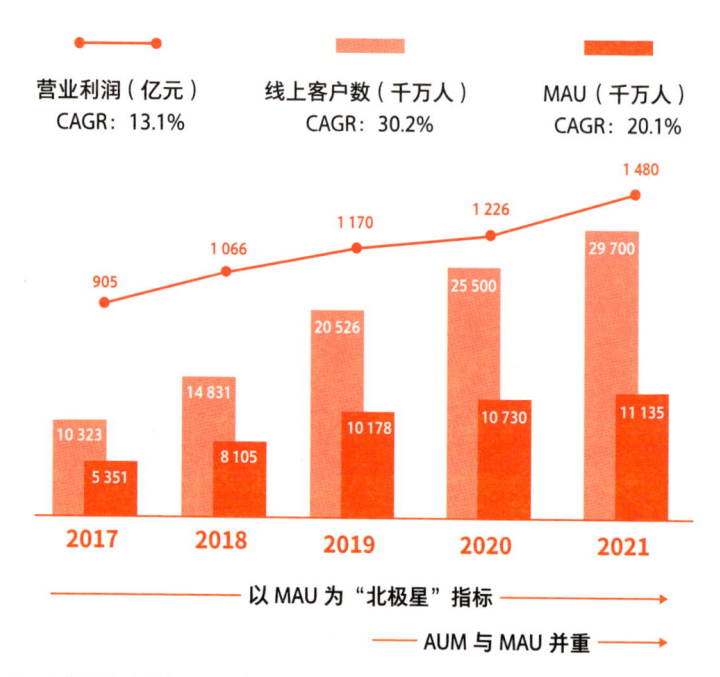

营业利润（亿元）　　线上客户数（千万人）　　MAU（千万人）
CAGR：13.1%　　　CAGR：30.2%　　　　　CAGR：20.1%

年份	营业利润	线上客户数	MAU
2017	5 351	10 323	905
2018	8 105	14 831	1 066
2019	10 178	20 526	1 170
2020	10 730	25 500	1 226
2021	11 135	29 700	1 480

以 MAU 为"北极星"指标
AUM 与 MAU 并重

注：1. 线上客户数与 MAU 为"招商银行"和"掌上生活"两大 App 对应指标的加总
　　2. CAGR：复合年均增长率

图 3-4　招商银行的"北极星"指标

有效的指导。企业因所处业态、外部竞争环境、公司管理机制有所不同，所以在客户目标的选择上并没有唯一的标准答案。本书提出以"客户资本"为基础的客户目标管理体系，提供了企业一个系统性的思维框架——通过客户资本来评估企业良性利润的增长，借由客户体验指标以及客户运营指标来作为客户目标管理的抓手，将"以客户为中心"的企业理念具象化,并对企业行为进行规范与引导。诚如彼得·德鲁克提到"目标管理"时所言:企业需要回到管理的本质,以确立客户目标来有效定义与指引企业发展的路径与举措。

第二部分

客户资本三角路径层
—— 如何实现

- 客户路径层 / 如何实现
- 客户资本三角 / 客户使命与客户目标
- 客户模式层 / 如何升级
- 客户机制层 / 如何保障

第4章

客户旅程分析与规划

在上一章我们关注了客户目标的选择与制定，通过客户目标体系来打通企业的任督二脉，让客户视角能顺畅地游走在企业的每个角落。在指向明确后，我们就要进一步思考如何将目标转化为战略路径，将其变成具体的经营举措，以确保客户目标有效落地。接下来的两章将涉及客户资本三角模型中的第一个战略角——如何实现？即将客户目标转化为具体可实施的路径。

建立客户战略路径分为两步：第一步，在进行路径规划前，我们需要先认清客户现状——从客户视角来理解企业经营的现状，理解企业在客户眼中的图景，从客户视角去重新定义客户需求、客户期待、企业表现，以及跟其他竞品的差距；第二步，在第一步的基础上进行客户全旅程的经营与价值渗入。客户旅程地图即一个理解与分析客户现况的有效管理工具。

客户旅程地图

客户旅程地图是一种描述客户在使用产品或者服务时的体验、主观反应和感受的方法，它以图像化的方式直观地再现客户与企业品牌、产品或服务产生关系的全过程（而非某一个节点），以及此过程中客户的需求、体验和感受。

客户旅程的设计与应用可以追溯到1960年左右，当时与市场营销和消费者行为相关的开创性理论得到迅速的发展：市场战略翘楚菲利普·科特勒（Philip Kotler）（1967）和消费心理学家杰格迪什·谢思（Jagdish Sheth）（1969）的著作将客户体验和决策理解为一套系统流程。他们转换了过去基于"生产—流通"的企业视角，以客户为核心维度来重塑经营举措。这些概括性理论为后续研究客户旅程管理奠定了基础。后来学术界在原模型上构建了多渠道客户管理概念，提出了客户可以通过多渠道来实现需求识别与确认、商品搜索、购买，再到售后的理论。哥伦比亚商学院教授伯恩德·H.施密特（Bernd H. Schmitt）在2003年所著的《客户体验管理》（*Customer Experience Management*）一书中提出了"客户体验管理"的概念，他在书中从营销与管理的视角强调企业需要"战略性地管理客户对产品或公司全面体验的过程"。总体而言，这些研究为客户旅程在业界的应用提供扎实的理论基础。客户旅程地图是一个多维概念，它将客户与企业之间的关系化为客户一段时间内与企业交互的"旅程",贯穿客户周期的多个触点。

客户旅程地图不仅仅是旅程地图最终呈现的结果本身,也包含制作客户旅程所经历的过程——企业内各部门的参与和认知校准,而这一系列的活动能协助企业转换客户视角、建立连续性思维,以及达成跨部门共识,有效"认清"客户现状。

转换客户视角

要了解客户现况,第一件事是转化视角,从"客户眼中"来看企业。连锁巨头 7-Eleven 创始人铃木敏文曾指出,"让顾客满意"和"顾客感到满意"有根本上的区别。企业不应该是"为顾客"着想,而是要"站在顾客立场上"思考。当我们的认知是"我的目的就是让顾客满意"时,"我"就成了主体,当"我"成为主体的时候,就会形成本位的心理状态,并会基于自身过去的经验和经历,形成"如果这样做的话,就是对顾客有利的"这种思维;"顾客感到满意"则是将顾客作为主体,怎么做顾客才会感到满意?此时,企业需要让自己与顾客融为一体,将自己视为顾客。如果不能站在顾客的立场上思考问题,就不可能寻找到顾客感到满意的答案。

以某电信运营商为例,笔者曾经在办理宽带业务时,被"免费"绑定多个手机号码,虽然服务人员再三强调这些号码和增值服务是企业提供给客户的福利，但对大多数本身就拥有固定手机号码的顾客而言，此类赠送意义不大，甚至多余号码带来的额外处理成本（如致电取消服务）以及对环境的不友好（虽然是小小的塑料片），反而会让客户产生负面感知。这类行为纯粹是因为企业需要完成相关任务，而不是从客户角度提供符合客户需要的服务。

许多企业需要坦承自己从来没有站在客户的角度解决商业问题，它们分析问题的层级大多停留在企业内部流程，而不是客户旅程，它们习惯性地通过设定商业目标来引导职能部门实现生产效率和规模经济的最大化。传统的思维视角往往容易受限于现有框架以及部门本位主义的陷阱，无法有效反映出客户在旅程中的真实需求。而客户旅程地图则提供了一个框架来协助企业从客户视角去思考，做到与客户共情。

建立连续性思维

随着数字时代的发展，客户跟企业交互的方式越发多元化，企业不能仅聚焦于单一客户触点的交互，而是需要将视野放在一个整合、端到端的完整过程。客户旅程地图的搭建打破了单一触点规划，以客户所处的阶段和场景为单位来分析客户行为，避免企业内部谷仓效应的发生。

让我们回到上述电信运营商的例子。一份调研数据显示，从各个触点（如门店、电话客服等）的客户满意度反馈中，该企业的客户满意度从未低于90%，但它却面临着严峻的客户留存问题。有这么高的客户满意度为什么还会出现大量的客户流失？随着进一步分析，发现其客户满意度高是由于大多数客户觉得单次互动（如客服通话、某一次网点访问、上门安装服务等）的服务确实不错。但实际上，客户更希望拥有完整且良好的旅程体验，解决每次交互背后根本性的产品、服务或是流程问题，并非单一的触点活动。

举例来说，该运营商的新用户宽带安装旅程通常需要将近3个月，在这一过程中，客户需要和客服中心以及工作人员进行多次互动，才能完成宽带安装的任务。尽管客户对每次交互的满意度不低于90%，但对整个安装过程的平均满意度却下降到了40%，这说明单一触点并没有问题，但整个新用户安装流程却存在设计上的缺陷。在理解客户现况时，如果企业采取触点导向的思维模式会存在很大盲区，而当企业从整体端到端客户旅程的视角去思考时，企业才能清晰地意识到，即便服务交付链的每一个环节看起来都很完美无瑕，最终整体效果也仍可能截然相反。

达成跨部门共识

企业经营最大的管理成本之一，是在企业内部建立一个共同的语言体系，让各个部门能够在沟通中第一时间建立共识。相较于企业常规的财务、运营领域有成熟的语言系统，跟客户相关的沟通体系则偏向主观且感性。在很多企业会议中，客户议题的讨论最后往往流于模糊且片面的印象阐述，缺乏真实且客观地反映客户现况的描述，导致无法对议题进行科学判断，以及造成无效率的决策流程。客户旅程地图提供了一个客观的方式来协助部门间统一对客户的沟通语言，建立决策共识。

客户旅程地图的应用不仅仅存在于商业环境之中。2021年，美国白宫签发了《总统管理议程》（PMA[1]）这份文件，其中明确了三项战略优先事项：像运作企业一样管理政府事务，赋能和提升美国联邦政府的雇员体验，提供卓越的公共服务和客户体验。部门孤岛和壁垒的存在，导致民众花了大量的时间重复填写文件，在不同的部门之间来回奔波。政府部门需要从一般民众的角度来审视现有流程，发现跨部门服务存在的障碍，改进重点部门的服务设计。而客户旅程地图绘制的工作规范也已经出现在PMA官方网站上，作为导入客户视角以及协同部门一致性的重要工具。

客户旅程地图规划

客户旅程地图规划的核心是可视化客户行为，帮助企业

---

[1] PMA：The President's Management Agenda，总统管理议程。

更好地了解客户现况。根据使用目的不同，客户旅程地图的呈现也会有所差异，但核心的构成要素大同小异，本节将从角色（Persona）、旅程阶段（Stage）、场景（Scenario）、触点与行为（Behavior）、驱动要素（Driving Factor）五个不同层次来对客户旅程地图进行分析。如图4-1所示。

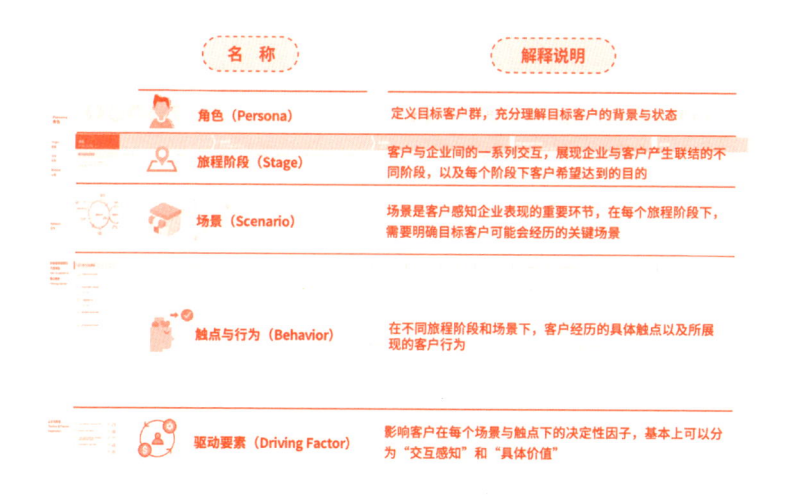

名称	解释说明
角色（Persona）	定义目标客户群，充分理解目标客户的背景与状态
旅程阶段（Stage）	客户与企业间的一系列交互，展现企业与客户产生联结的不同阶段，以及每个阶段下客户希望达到的目的
场景（Scenario）	场景是客户感知企业表现的重要环节，在每个旅程阶段下，需要明确目标客户可能会经历的关键场景
触点与行为（Behavior）	在不同旅程阶段和场景下，客户经历的具体触点以及所展现的客户行为
驱动要素（Driving Factor）	影响客户在每个场景与触点下的决定性因子，基本上可以分为"交互感知"和"具体价值"

图4-1 客户旅程地图构成

角色： 要建立客户旅程地图，首先要对目标客户有一个清晰的了解。彼得·德鲁克说过，以客户为中心的前提是，我们要先搞清楚谁是我们的客户，谁又决定着我们企业未来的发展。在理想情况下，企业可以根据每个客户的确切需求和愿望创建定制活动，但这种个性化服务在战略规划阶段是不太可能的；因此，不要试图让每个人都满意，而是要从定义最重要的目标客户群开始，分析这些特定客户的预期与需求。随着客户旅程工具的逐渐成熟以及数字化工具的协助，企业可以进一步扩展客户旅程地图对不同人群的覆盖，或是在某一个场景与触点中进行更多个性化的定义。

旅程阶段：客户不会平白无故与品牌产生联系，客户旅程是客户为了达到某个目的，在各个阶段与企业进行的一系列交互。通过客户旅程地图，企业需要明确可能与客户产生联结的阶段，以及每个阶段下客户的目标。通用的旅程阶段可以分为发现、交易、上手、使用、精通、纠错和传播七个环节，这些旅程阶段的发生不一定是线型的，而是有可能跳跃或是出现反复。

场景：在每个旅程阶段下需要明确具体客户可能经历过的场景，例如在交易阶段就可以包含形成竞品清单决策、比较和下决定的时刻，以及购买与交付体验等。例如，对于手机产品而言，日常使用可能就会覆盖日常通话、办公开会、影视娱乐、拍照摄影等。场景是客户具体感知品牌表现与企业间差异化的重要因子，我们需要充分了解与定义关键场景下客户的背景与需求，以及需要完成的目标与期待。

触点与行为：在不同的阶段和场景下，我们可以进一步明确不同的客户触点以及具体的客户行为。随着互联网技术的快速发展，数字触点的数量与重要性与日俱增。知名调研机构 Counterpoint Research 公布的数据显示，截至 2022 年，中国手机渗透率已经达 84%。其中，线上购物比例达 78.9%，移动支付比例达 73.4%，68% 的城市网民会定期在品牌的官方网站上阅读评分和评论，而数字与实体触点间融合的行为（例如通过 App 来控制产品使用，借由扫描线下商品来寻找类似商品或进行比价）也变成旅程中越来越常见的场景。客户在旅程中可能会与各类触点进行交互，根据行业性质或客户的自身偏好，不同触点类别的重要性在旅程不同阶段中可能会有所差异。

驱动要素：是指影响客户在每个场景与触点下体验的决定性因子。根据顾客从表象到本质的需求，他们的体验要素有两个层次，分别是"交互感知"及"内心价值"。越表象的需求波动将越大，反之则趋向稳定。根据不同商业目标，企业需要探究的深度也有所不同，追求短期速赢可着重于"交互感知"，针对表层要素进行优化。以治病为例，就是脚痛医脚、头痛医头的道理。至于中长期优化或是创新则须深入本质，如顾客期待、核心价值，据此进行战略路径设计才是根本之道。如同治病，找到真正的病灶所在再对症下药，才是治愈的良方。

以某浏览器 App 为例，广告一直是该 App 进行商业变现的重要手段，然而层出不穷且设计不当的广告往往是众多互联网公司以透支长期客户价值来获取短期利益的常见做法。

如图4-2所示。从图中的分析可得知，若无法有效改善广告体验因子，该App将会面临显著客户流失的风险，因此，优化广告体验是有效改善客户具体感知的短期速赢举措。然而，如果要能有效地提升客户黏性（如活跃度、使用时长和深度），并创造更大的商业机会（如会员付费、重复购买、推荐），则需要回归客户的关键诉求——在信息流环节，提供精准、丰富、及时且有价值的资讯内容。

深层举措：内容
对信息流产品而言，持续提供精准、丰富、及时且有价值的资讯内容，才是增加客户黏性与价值的关键

速赢做法：广告
在App中层出不穷且设计不当的广告降低了客户价值，若无法有效改善广告体验因子，将会面临显著客户流失的风险

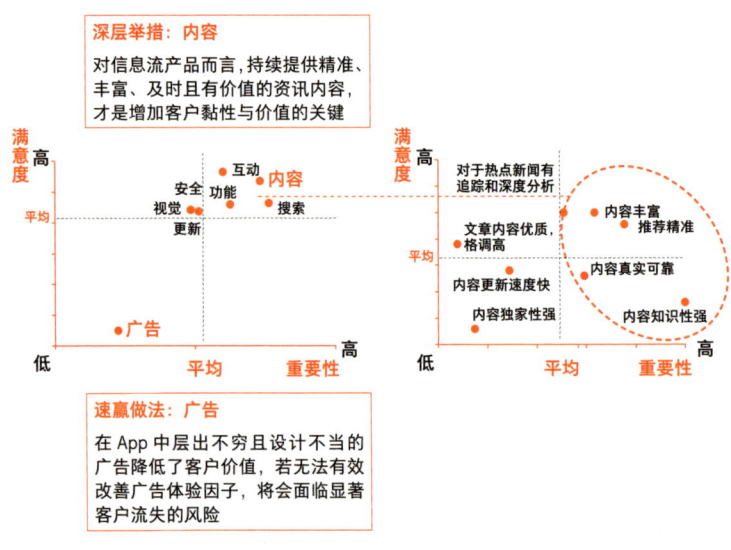

图4-2 以某浏览器App为例的驱动要素分析

客户现况分析

客户旅程地图是协助企业进行客户现况分析的工具，既

非目标也非结果，因此，如何有效地解读与运用客户旅程地图是一项关键性的工作。通过客户旅程地图，企业可以获得不同旅程阶段下目标客户的期待、情绪、痛点、对企业的认知，以及相较于竞品本企业的优势与短板。在此基础上，企业可以建立一个有效的客户分析图谱。

客户现况分析需要结合客户需求、竞争态势、战略方向，对企业目前所处的定位与表现进行完整的解读。因此，客户现况分析经常会跟战略规划与品牌营销经营决策结合在一起。有些企业会进一步设立客户旅程经理（Customer Journey Manager，CJM）的岗位来负责客户旅程分析与管理。以下我们就从过去的经验中，提炼出来几个在客户现状分析中需要深入思考的关键点。

重视客户的感性因子

我们在做客户现况分析时，会触及很多客户关注的驱动要素，但我们发现，很多企业仅仅只定义理性层面的因子，例如零售门店的陈列、销售人员的态度、售后服务的形式等等。这些显性因子固然会直观影响客户的感知与行为，但更多触及的是客户认知的基础因子，仅仅是企业进入市场竞争的入场券。客户旅程中的感性因子也是客户现况分析中的关键构成部分，如何有效地挖掘感性因子往往是企业建立差异化竞争的关键。

以工业品电商独角兽震坤行为例，在众多B2B企业当中，震坤行以数字化形式为企业提供一站式工业品采购与管理服务，实现了工业品供应链的透明、高效、低成本。该企业坚持以成就客户为导向，迅速成为工业品电商MRO[1]采购的领跑者。对工业品采购而言，MRO是一块单位金额不高但十分繁杂的采购业务，采购过程中往往由不同人员完成需求收集、下单、审核、收货、使用、对账等步骤，采购角色在其中承担着大量协调的工作，因此，"省心省力"就成为企业采购岗位在MRO采购过程中的"刚需"。震坤行在服务客户的过程当中，除了要满足客户对产品、价格等采购基本诉求外，还不断深化采购过程中的数字化工具与增值服务，例如通过API（Application Programming Interface，应用程序接口）让使用单位能在线上下单，进行需求整合、在工厂车间设定自动补货的智能仓储、为大客户提供标准物料清单等，从而降低采购角色在其中斡旋的难度和精力消耗，而这种在采购基本诉求之上的感性需求满足能力，即成为震坤行创造客户价值并与客户建立持续性合作的核心基础。

"被看见"则是企业内部采购岗位的另一个感性诉求。在庞大的企业组织中，采购往往处于支持的地位，甚至时常扮演吃力不讨好的角色。因此，采购人员除了要完成本职职能

---

1 MRO：Maintenance Repair and Operations，维护、维修和运营。

之外，也渴望着在组织中能够"被看见"——创造更多的存在感与正向价值。国内某个领先配餐供应商即在这个关键点投入不少精力。例如，他们在服务幼儿园餐食时，会提供幼儿园当天食材介绍，通过公众号、线下公布栏、校车接送点等渠道传递给家长、其他老师以及幼儿园管理层，通过"食品营养与安全"这个关注点，让利益相关人知道采购在餐食准备上的用心。

不论是 B 端还是 C 端企业，从客户旅程地图中找到目标角色的感性因子，往往是企业寻求突破、找到差异化竞争优势的关键所在。

定义关键时刻

关键时刻（Moments of Truth，MOT）这个概念是由 20 世纪 80 年代瑞典著名企业家詹·卡尔森（Jan Carlzon）提出的。他曾任瑞典最大的旅行社平安旅行社、瑞典著名航空公司灵恩航空公司总裁，并帮助这两家企业从濒临破产转为高额盈利；他还在一年内使巨额亏损的北欧航空公司成为全球利润最高的航空公司之一。其中的秘诀，就是他掌握了客户旅程中的关键时刻。詹·卡尔森认为，北欧航空公司一年运载 1000 万名乘客，平均每人接触 5 名工作人员，每次 15 秒钟，总共产生了 5000 万次客户对航空公司的"印象"，而这 5000 万次的"关键时刻"决定了公司的成败。

詹·卡尔森提出的关键时刻聚焦于客户与企业一线人员的交互体验，企业一线人员尽可能掌握每一次跟客户接触的机会（Micro-moment）。而随着客户与企业的交互越来越复杂，影响客户感知的因子也不计其数。在企业资源有限的前提下，企业在进行客户现况分析时，更需要确认其中的"关键时刻"，打造客户的独特记忆点，进一步聚焦于客户的关键议题。

在很多案例中，我们发现一些酒店或零售店的体验虽然很好，但是顾客转过身便会忘记它们。为什么？因为在整个客户旅程中，酒店或零售店没有给他们留下独特的记忆点。体验营销当中有个很重要的法则叫作"粉碎品牌"原则，即把品牌的所有Logo、广告、传播全部取消，等下次消费者再进这个品牌的店消费时，能不能回忆、识别出来是哪个品牌。如果可以，那么这个客户体验才可以说具有强有力的识别感。以冰雪皇后冰激凌（Dairy Queen，DQ）为例，客人也许去过很多商超、零售店吃冰激凌，但是只有DQ的服务人员会做一个动作——就是把冰激凌交给客人之时，把它倒立起来，以强调这个冰激凌的黏稠、质量好，这个动作，便是DQ为客户旅程打造的一个很重要的独特记忆点。

关键时刻的延伸则是很多人耳熟能详的"峰终定律"。2002年的诺贝尔经济学奖得主丹尼尔·卡尼曼（Daniel Kahneman）提出的峰终定律指出，消费者会以"最高""最

第二部分 客户资本三角路径层——如何实现

低""最终"这三个情绪瞬间作为客户旅程中自我认知的总结，其他的则都不会记得。所谓"峰终"，是指体验记忆是由峰值（情绪到达某一极点，可以是正面的，也可以是负面的）与终值（结束时的感觉）决定的。如图4-3所示。

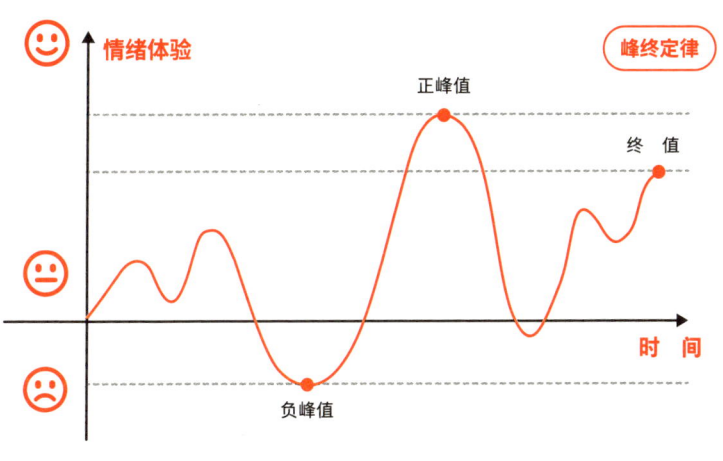

图4-3 峰终定律示意图

在现实生活中，峰终定律的应用不胜枚举：许多演出在结束前有"安可"环节[1]，乐队在原有的演唱曲目之外会再次

---

1 "安可"是法语单词encore的音译，英文意思是again，中文意思是"再来一个"。在音乐演出中，"安可"环节通常在演出结束前，是演出完结的突然感和黯然离场之间的过渡阶段、润滑剂和道别。在这个环节，乐队会再演唱一首歌曲，通常是乐队作品中和离别有关的作品或者相对安静的歌曲。这个环节也是观众表达对表演的喜爱和赞赏的方式，他们通过呼喊"安可"，邀请喜欢的歌手再演唱一首歌曲。

返场,演唱观众最喜欢或是最经典的歌曲,让观众能够对演出留下最好的印象;宜家在出口处仅售1元的甜筒,开市客在结账区旁的美食区(39.9元人民币的烤鸡以及物美价廉的比萨或热狗),那是客户在完成采购任务、结束疲惫购物后的放松时间,留下了美好的回忆。

国内酒店业的新物种亚朵酒店深谙峰终定律。亚朵将客户旅程中的服务细化为17个触点来进行精细化管理以及运营,孕育出四五十个服务产品:在初见环节,亚朵设计了奉茶服务,在客人旅途疲惫进入酒店时,酒店会双手递上一杯70℃、亚朵村专供的温茶给顾客,以消除旅途带给顾客的浮躁及疲累;在早餐环节,亚朵设计了属地早餐产品,根据不同地域设计当地特色的早餐,如果顾客急着出门来不及吃早餐,酒店会打包好供客户在路上享用,为客户创造峰值体验;最后,亚朵在每个客户退房后会送上矿泉水,每个酒店都有一个保温箱,里面的水都是40℃左右,确保秋冬季节水是温热的,延伸退房时就戛然而止的服务,让客户感受到离店的温暖。如图4-4[1]所示。

---

1 引自亚朵酒店创始人王海军于"混沌学园"的分享。

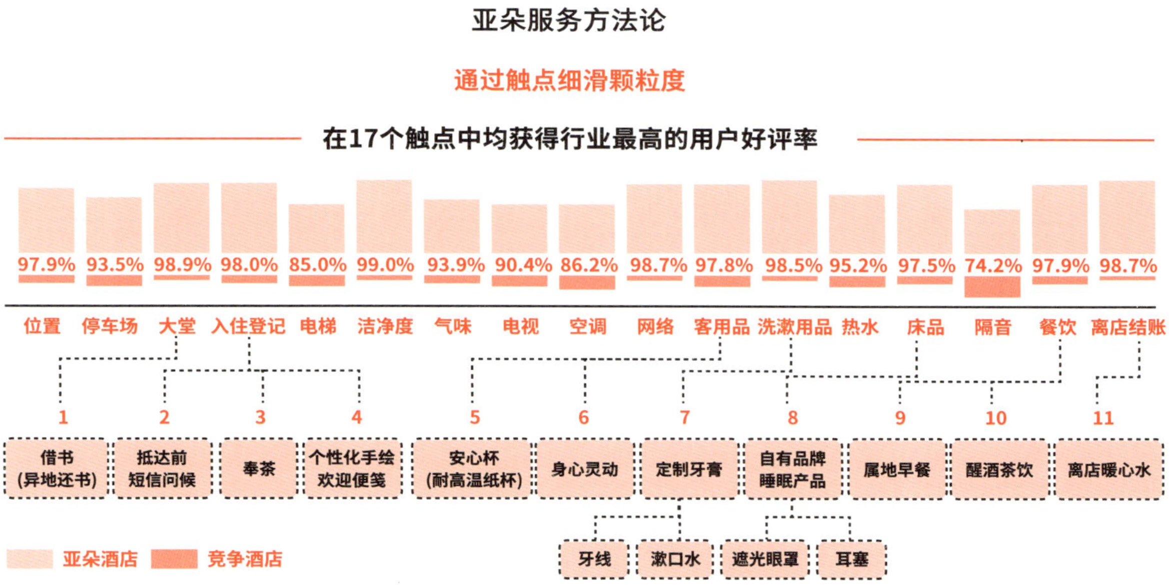

亚朵服务方法论

通过触点细滑颗粒度

在17个触点中均获得行业最高的用户好评率

序号	触点	好评率
1	位置	97.9%
2	停车场	93.5%
3	大堂	98.9%
4	入住登记	98.0%
5	电梯	85.0%
6	洁净度	99.0%
7	气味	93.9%
8	电视	90.4%
9	空调	86.2%
10	网络	98.7%
11	客用品	97.8%
	洗漱用品	98.5%
	热水	95.2%
	床品	97.5%
	隔音	74.2%
	餐饮	97.9%
	离店结账	98.7%

触点细节：
- 1 借书（异地还书）
- 2 抵达前短信问候
- 3 奉茶
- 4 个性化手绘欢迎便签
- 5 安心杯（耐高温纸杯）
- 6 身心灵动
- 7 定制牙膏 — 牙线
- 8 自有品牌睡眠产品 — 漱口水 — 遮光眼罩 — 耳塞
- 9 属地早餐
- 10 醒酒茶饮
- 11 离店暖心水

图例：亚朵酒店 ／ 竞争酒店

图 4-4 亚朵酒店客户旅程触点服务方法论

充分融合企业战略定位

在客户现况的洞察与分析过程中，企业可以发现许多客户旅程中的"体验波谷"，而大部分企业持有"体验波谷不好，必须消除"的信念。然而，拥有高峰的代价是允许有低谷，不是每个波谷都是不具备价值的，有意义的低谷应该被允许。有些人将这种波谷误解为产生客户痛点，其实不然，让我们用一个重要的概念——价值交换——来解释这一点：用舍弃非关键的旅程触点来巩固核心的客户价值，这是在为客户创造价值。

笔者曾协助某市场领先的高端买手百货从客户视角来进行转型。该企业在过去10年中饱受电商平台的冲击，实体门店销售量直线下降，为应对此情形，管理层决定做数字化转型，思考如何与电商平台竞争。为了跟上数字化转型的趋势，该企业投入了相当多的资源发展新零售，在客户旅程的规划中，针对商品数量、退换货、结账速度、运送服务等触点花了很多资源，以期望能够拥有和电商相当的竞争力，尤其是在仓储及物流系统的建立上；管理层认为客户越快收到商品，会越开心、越少抱怨，自然更愿意购买。

然而，根据倍比拓的客户现状研究，我们发现该高端买手百货的数字战略布局，包含仓储、配送以及结账环节的表现提升，对于留住他们目标客户群的影响皆很有限。他们的目标客户和电商聚焦的消费人群并非同一类，这类消费者前往该零售商的理由是因为逛街乐趣,而不仅是购买物品,更重要的是追求整个体验过程。例如,在门店购物时,他们更注重在体验过程中所获得的流行趋势,这也是为什么搭配灵感体验在消费者眼中排在第一位(见图 4-5)。

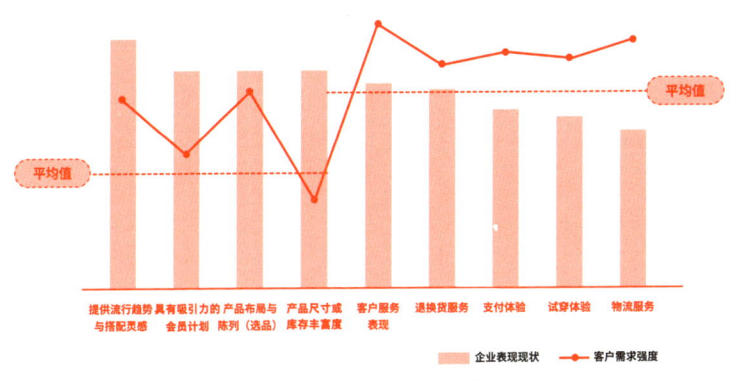

图 4-5 关键客户需求分析

由此可见,百货门店内服饰的摆放、门类的设置、逛购的动线,以及数字渠道能否提供新一季的穿衣灵感、会员计划是否有覆盖到顾客及身边群体、产品供给的独特性是否令顾客满意(包括能否提供最新一季的服装、独特的联名款等)才是该客户旅程中的重要触点。如果经营者忽视了目标客户真正在意的价值,将数字化转型的资源投入在弭平眼前的客户体验低谷,解决目标客户不在意的旅程环节,很有可能除了无法面对电商的竞争外,还会加速原先核心客户的流失。对于高端人群来说,比起更快地收到商品,他们更在意该经营者是否能引领他们走在时尚潮流尖端、提供的产品能否拓展他们的眼界、提供的服务是否"尊重他们的时间与金钱"等核心战略价值。

客户旅程必须与企业的战略定位充分融合才能发挥其有效性，企业需要非常清醒地把持着"价值交换"的原则，而并不是以满足客户的"所有需求"为核心。

春秋航空是国内第一家真正意义上的低成本航空公司，这家企业奉行"低成本、高质量服务"的观念。如果把春秋航空的客户旅程展开来看，我们可以发现许多客户需求并未被有效地满足，包括航班选择的时间段不友好、登机柜台少且大排长龙、机票销售与办理登机手续以线上及自助柜台为主、机场往往是城市中的次要机场、租赁距离较远的登机口以及不提供机上免费餐食等。春秋航空把无免费行李额、远登机口、无免费餐食等体验低谷和机票的价格进行价值交换，为客户争取来最低的购票价格，为客户带来最大程度的高峰体验。

宜家每年在全球不同国家和地区都会进行客户满意度追踪，每年的用户反馈都有对宜家产品质量参差不齐和上门安装服务不满意等相关问题，但宜家并没有针对这些客户体验的低谷点进行改进，而是一如既往地把资源投入在极致性价比这个高峰点上——在保障合理价格的基础上再谈质量和设计，这也是为什么宜家这么多年人气不减的关键之处。

第二部分 客户资本三角路径层——如何实现

"寿司之神"小野二郎[1]创办的数寄屋桥次郎寿司店有许多波谷：不接受散客、必须提前几个月预订、店面位于办公楼的地下室、木制柜台非常普通、整个餐厅只有10张桌子、没有菜单可供选择、用餐时间非常有限、价格高昂等等，但该店会集中所有资源为客户制作世界上最好的寿司。

回到客户资本三角，要有效回答如何实现客户资本的第一前提，就是应该对我们现在所处的客户现况了然于胸，了解"客户心中"和"企业眼中"所存在的差异。客户旅程地图作为客户现状分析的基础工具，是建立客户战略路径的锚点——帮助企业从完整视角与不同站位透视客户需求，了解企业在市场上相较于竞争对手的表现水平，打破"谷仓效应"并形成部门间共识，争取实现客户资本增值，并成为客户战略选择的有利条件。

---

[1] 小野二郎被誉为"日本寿司第一人"，纪录片《寿司之神》的主角，也是全世界年纪最大的米其林三星主厨。

第 5 章

客户战略的契合路径

在上一章，我们谈论了从客户视角来理解企业现状是客户资本三角的基础，是建立战略路径规划的锚点，能够确保企业内部在客户战略规划中能拥有共同的语言。在此基础上，如何将现况（AS-IS）与目标（TO-BE）进行有效契合，形成战略选项来指导企业的资源规划，则是战略路径规划的关键。如图 5-1 所示。

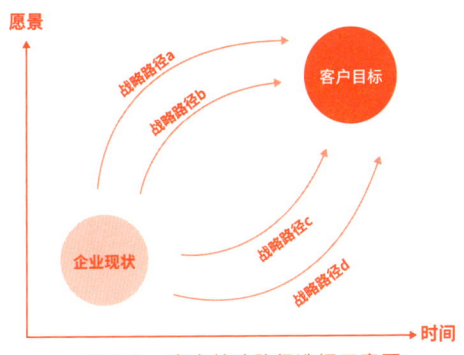

图 5-1 客户战略路径选择示意图

如何构建客户战略路径，首先我们需要先了解建立客户战略可能的构成要素。罗兰·T. 拉斯特教授在《顾客资产管理》一书中提到"价值""品牌""关系"三个不同变量，对建立客户战略的构成要素做出了清晰的定义与说明。

"价值"要素是顾客对企业产品与服务效用的客观估价。价值是顾客和公司关系的基础，如果公司无法满足顾客的核心需求，那么即使再好的品牌与营销策略以及再紧密的顾客关系也无法弥补价值上的缺失。其中，质量、价格和便利是三个影响价值要素的关键因子。

质量是公司提供给客户在物质与非物质方面的产品和服务。如顺丰快递、美国联邦快递以高质量的快递服务建立了其在市场上的话语权与影响力，丽思卡尔顿酒店以其无微不至的客户服务，常年是酒店业的服务标杆。价格代表企业能够影响顾客"放弃什么"，作为后者换取低廉价格的代价。如中国连锁咖啡品牌瑞幸咖啡把价格作为市场竞争的主要工具，但在门店位置与空间、产品精致度上（如食品多是冷冻、无法现场加热）做出一定的妥协。便利则是企业通过价值提供，降低顾客在达到其目的过程中所耗费的成本和精力。如比萨外卖店达美乐以承诺外送服务30分钟必达，让顾客为便利买单。在"顾客资产管理"中，质量、价格和便利代表了企业培育价值要素的三个思考维度，是企业市场竞争的基础。

"品牌"要素是顾客对公司和公司所提供的产品和服务沉淀之后所形成的主观评价,通过形象和意义构建起来。罗兰·T.拉斯特教授进一步定义了顾客资产中的具体因子:品牌意识、品牌态度和公司道德。

品牌意识主要是企业通过营销方式来影响市场对企业的熟悉度,进而影响消费者的偏好与决策。例如,医药公司对处方药进行媒体宣传是为了建立品牌意识,鼓励病人向医生指名购买。品牌态度(品牌联想)则是衡量企业与顾客情感纽带的紧密程度,企业在客户心目中存在的印象,例如耐克的品牌理念:耐克把每一个人都视为运动员,"Just Do It"(尽管去做)充分反映了运动和挑战精神,鼓励客户不断地尝试与突破。公司道德则是公司为了提升市场好感度所采取的行动,诸如社会捐赠或赞助活动、员工福利、ESG等。尽管品牌的概念较为宽泛,但在顾客资产管理中,品牌要素主要是由品牌意识、品牌态度和公司道德这三个因子所构成。

"关系"要素代表顾客对自己与企业间关联强弱的评价。顾客与企业的关联从经济体系中的以商品和交易为主,逐渐转变成以服务与关系为导向。因此,仅仅拥有"价格"和"品牌"要素还不足以维系顾客,"关系"也扮演着关键的角色,尤其是在触点丰富的互联网时代。关系要素被定义为企业为提升顾客与企业关联所采取的一系列行动,从传统忠诚度计划、增值服务,到互联网环节中常见的用户运营、私域流量管理等，目的是提升企业与顾客的紧密度，减少了顾客流失，提高顾客重复购买的可能性，最大化顾客的终身价值。

结合笔者的咨询经验和对消费者的理解，以及企业与顾客关系在外部趋势上的变化（如存量市场竞争、移动互联网兴起等），我们对罗兰·T.拉斯特教授的客户战略要素做了进一步的分析与定义：战略要素主要由企业所提供的产品与核心服务构成，形成了客户价值里最底层的合作逻辑与保障；品牌要素则更突出品牌态度（品牌联想），作为市场无差异竞争下突破客户心智的工具；关系要素则可以理解为增值服务与触点体验，用来降低企业与客户交互过程中的摩擦力，并持续提升客户黏性，建立客户关系。

综上所述，创造客户价值的战略要素由"品牌理念""产品感知""服务内涵""触点设计"构成，而客户战略路径则是根据企业的客户现况，对价值要素进行有效的组合管理。大多数公司资源有限，只能在品牌、产品、服务、触点要素之间寻求平衡，根据市场竞争中的差异化定位，建立一条符合企业自身发展的战略路径，以实现客户价值最大化的战略目标。如图5-2所示。

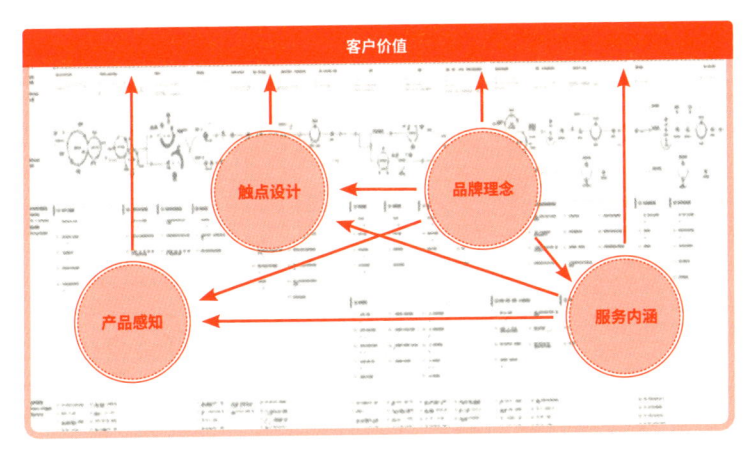

图 5-2 客户战略构成要素（笔者咨询案例示例）

路径一：渗透客户旅程的品牌理念

第一条客户战略路径的规划着重于品牌理念在客户旅程中的渗透。传统的品牌关注点更多集中在营销环节，通过大量的市场手段来抢占客户心智。面对数字化趋势，许多企业也仅仅是改变了营销的媒体组合与投放形式。然而在客户时代，品牌理念需要通过全旅程的渗透才有办法兑现自己的品牌承诺，建立"品牌化体验"（Branded Experience）。当一个品牌反复、一致地兑现其品牌承诺时，它就会驱动品牌的差异化，赢得客户忠诚度，并获得客户价值的提升；反之，当一个品牌做出许多承诺或试图满足很多种客户需求时，资源就会被稀释，客户的情感曲线变得平坦，愉悦的高峰也显得微不足道,体验后就被遗忘,品牌被同质化。

杰出的品牌选择了不同的道路,他们选择客户的一些关键需求作为他们的品牌承诺,将资源集中在这些承诺上,这样的客户旅程令人难忘,从而实现了品牌的差异化。比如,星野集团的虹夕诺雅提供极致且在地化的体验,春秋航空提供最便宜的机票,而宝马则提供"终极驾驶机器",星巴克创造了"第三空间"。这些非凡品牌都有动态的情感曲线。

提到品牌化体验,20世纪80、90年代兴起的运动品牌耐克,即通过品牌要素建立起在体育世界中屹立不倒的地位,其品牌市值在2023年达1800亿美元,远超其他同类型的竞争对手。耐克在Instagram(照片墙)上拥有2.6亿粉丝,这样惊人的粉丝数量不禁让人发问,耐克明明卖的是差异化极低的球鞋和衣服,而最热卖的AJ系列甚至采用的是20年前的技术,有无数其他工厂可以制造出类似甚至质量更好的产品,但为什么无数粉丝却只认同耐克呢?究其原因,很大一部分来自耐克在品牌上的价值渗透。

耐克的圈粉实力,让我们开始重新思考客户和品牌之间的关系:真正对一家企业最忠诚的超级粉丝,通常已经超出了对产品及服务本身的喜好,而是会最大程度地认同一家企业的品牌价值观。耐克的广告本身很少介绍产品本身,常常是传递运动的核心"态度",并在客户旅程中每一个触点传递品牌的核心理念,其品牌价值观已经渗透了产品、销售及服务各个旅程环节，从这些环节上可以找出让客户留下深刻印象的"高光时刻"体验感受，让品牌力贯穿全程。

品牌化体验的第一个重点就是需要清晰明确的价值主张与核心理念，并且能够与用户核心态度或价值观产生共鸣。有了核心主张之后，企业才能在客户的全旅程和各个产品系列之间进行连贯一致的理念传递。如图5-3所示。

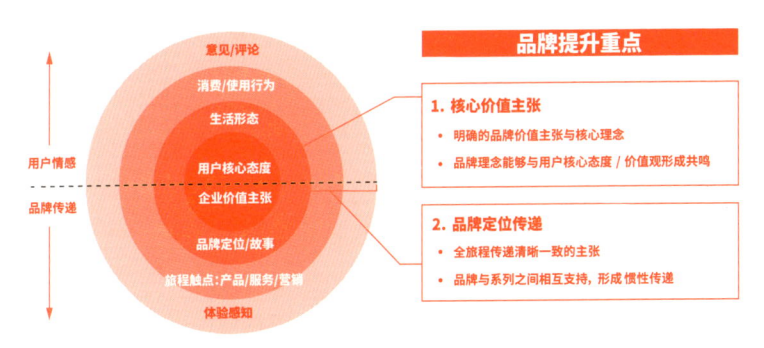

图 5-3 品牌的核心主张及其传递

耐克在官网上展示了自身鲜明的品牌主张：耐克把每一个人都视为运动员，为世界上每一位运动员带来激励与创新，"Just Do It"充分反映了运动和挑战精神，鼓励人们不断地尝试与突破，形成了"激励""创新""定制"的核心价值主张。

品牌主张赋予了品牌个性和特色，告诉客户为什么他们应该选择你而不是你的竞争对手，决定了你能否走进用户的意识和情感。在到处都是铺天盖地的广告的今天，许多企业反而没能让自己的品牌核心价值主张凸显出来。你的品牌存在的使命是什么？为什么是你来做而不是其他企业？这些信息必须要让用户理解。少了核心品牌价值观，企业塑造的旅程体验是没有灵魂的，也难以引起客户共鸣。

有了强有力的品牌主张，企业需要有计划地在各个环节层层渗透（见图5-4），共同传递一致的信息。仍以耐克为例，在每一段客户旅程中，均可以看到融入品牌主张的痕迹，而随着互联网的普及，耐克近年来更是通过数字手段来强化DTC的布局，以数字、线上到线下的服务为先导，在售前、售中、售后的过程中打造无缝的品牌体验。

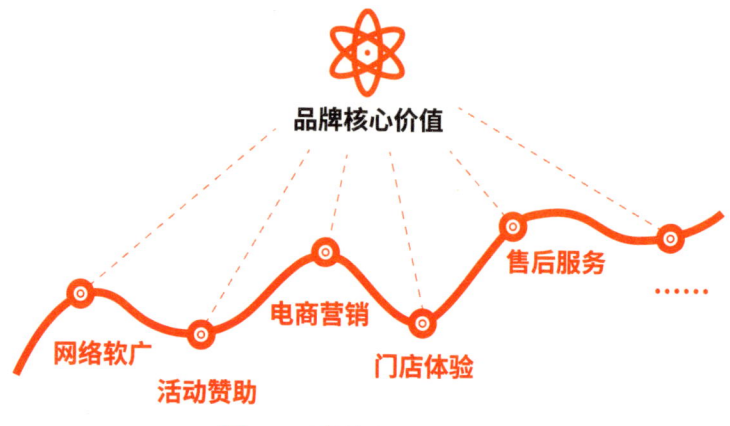

图 5-4　品牌价值的全旅程传递

售前体验： 即使不是耐克产品的用户，也可能听说过耐克创始人菲尔·奈特（Phil Knight）的创业故事，或是看到过耐克投入大量的资源援建、翻新篮球场。2020 年，耐克更是在中国启动旧鞋回收计划，面向全国消费者回收至少 50 000 双耐克旧鞋。耐克将用这些回收鞋经过 Nike Grind 技术制作成橡胶颗粒后建篮球场，帮助孩子们从疫情的影响中逐渐恢复，激励他们重拾运动的快乐和自信的力量。潜在用户可能没有耐克产品的体验，但是却能通过一系列跟耐克品牌相关的事件进行第一印象的认知。

售中体验： 在消费者购买产品的过程中，耐克满足了客户当设计师的愿望，通过 NIKEiD 让客户自己设计独一无二的定制化耐克鞋。2018 年，耐克首家创新之家（House of Innovation）——Nike 上海 101 正式开幕，通过体验式的环境设计，融合数字化能力，将耐克的顶尖产品和服务带给消费者，同时也驱动了运动零售的转型。

售后体验： 消费者购买耐克产品成为用户之后，通过 Nike Training Club（NTC）App，可以享受专属的定制训练计划，无论是在设备齐全的健身房还是舒适的家中锻炼，NTC 均可为其精选适合的日常训练，助力达到健身目标。[1]

---

1 自 2022 年 6 月开始，耐克针对中国市场开展整体数字生态转型，暂停了 Nike Training Club（NTC）App 对中国市场的服务。

耐克在客户旅程的每一个环节都在传递它的核心价值观，从广告赞助、零售服务、数字化布局到线下活动等等，都围绕着激励、定制、创新而进行，因此，即使它卖的是差异化极低的球鞋和衣服，也能获得无数粉丝对品牌的认同。

唯有有了自己的核心价值观，品牌才能具备强大的品牌力，才能知道要给客户传递什么信息，之后回顾客户旅程，不管是销售、产品还是服务，企业要在每一个触点打造可以传递企业品牌理念的体验，这样才会形成相关的品牌标签，最终收获一群真正认同企业的核心客户。

路径二：客户融入的产品实力

一般而言，产品表现的好坏是创造客户价值最直观的驱动力，产品本身是企业与客户建立商业关系的枢纽，是客户对企业形成主体感知的根本，往往也是其他影响要素（如品牌、服务、触点等）构成的核心载体。在过去，产品完全都是由企业单向定义，随着企业的规模日益扩增，前端的客户声音往往无法有效地反馈到产品研发、制造环节；与此同时，许多优秀的产品概念与设计也在庞杂的供应链与销售体系中无法很好地传递给客户，双向链路均出现了显著的断层，导致客户对产品的感知不佳，降低了整体客户价值。

谈及客户导向的产品创新就离不开客户参与（Customer Engagement）这个概念；自 2000 年以来，"参与"（Engagement）一词被广泛应用于心理学、行为学、社会学以及管理学当中。简单来说，我们可以把客户参与理解为品牌与客户之间的沟通和互动，让客户进入到产品的设计、营销、服务之中，让商业模式更具趣味性。随着数字工具的蓬勃发展，品牌方越来越能够以低成本实现与消费者的直接沟通，及时有效地获得消费者反馈，许多企业甚至将产品沟通前置到产品研发阶段，在产品早期有效获得客户反馈。

当消费者积极参与产品的共创时，企业也能同时快速响应消费者的需求，那么企业便能实现产品的快速迭代、快速生产、快速交付，让符合市场趋势的爆品创造过程更加系统化和高效。

以喜茶为例，喜茶通过低调上市新品、收集客户反馈来了解消费者需求的痛点，相应地修改配方。喜茶起家的明星产品芝士奶盖茶的推出，让不想喝用粉末冲出来的奶茶的顾客，有了多一种有真材实料的饮品的选择。当消费者抱怨茶饮果肉少时，喜茶便会将果肉加到占整杯 2/3 的量；如果消费者反馈原茶味道不好，喜茶又通过对多款茶叶进行调和，选出味道适宜的奶茶，在这中间找到满足用户需求的平衡点。有了消费者反馈的数据，喜茶便能快速响应市场需求，进行产品创新与迭代。与此同时，基于年轻消费者的口味需求，喜茶向上游供应链反向定制所需要的原材料，精准地开发新产品。通过及时且深入的客户参与，喜茶在价值链的前后端聚拢了资源和能力，形成产品壁垒。

再比如，美妆品牌花西子自成立之初，就一直秉承"用户共创"的理念，会定期邀请用户参与互动体验。花西子的产品经理也会定期电话回访了解用户的真实需求。截至 2021 年，花西子已积累了 20 万名"体验官"；其明星单品眉笔就是成功案例之一，自上线以来，4 年内已迭代了 8 个版本，每一次迭代都离不开用户的反馈与共创。

通过客户参与来保持产品竞争力，并非短周期的零售快消行业或是新创企业的专利，供应体系复杂的传统企业更应该加深产品价值链上的客户参与，确保客户价值没有在冗长的流程传递中丢失。

以全球消费电子大厂 vivo 为例，近年来他们不断通过"技术发展+用户需求"的双轮发展战略，确保客户元素在企业血液中不断地流转。2021 年，vivo 将"设计驱动"写入企业价值观，成为 vivo 打造产品的系统思维。设计驱动是极致的用户导向，企业在设计产品时站在用户角度，锁定最核心的用户和场景。为此，vivo 成立了由产品规划、技术规划、技术预研"铁三角"组成的中央研究院，针对用户需求进行预研、预判。同时，为了让用户更好地参与产品研发，vivo 开启了"以用户为原点，与用户共创"的"V-Voice 计划"，旨在与用户保持常态化的沟通互动，倾听用户的反馈和建议，与粉丝一起共创产品。

客户参与不能仅仅停留在用户需求预判以及产品研发规划当中，要有效创造客户价值，除了产品自身的硬实力外，更重要的是要知道消费者如何"感知"产品。由于产品功能日益复杂，有时候客户价值的降低并非源自产品本身的设计规划，而是缺乏有效的客户教育与引导，导致客户在产品使用过程中容易发生错误操作，或是产品性能未被客户很好地开发与理解，从而造成了无形的损失。vivo为了确保客户参与能贯串全价值链条，强化了零售和客服，加强了线上和线下各触点与客户的交互，对客户旅程中产生的疑问反馈与负面评价进行及时的挽救，避免二度伤害，同时通过营销和用户运营，多维度与消费者进行正向沟通，让客户能高效地使用产品，最大化产品所创造的客户价值，并将相关经验沉淀进IPD[1]和IPMS[2]流程，盘点每一代重点产品的功能特色，进一步放大产品的优势。

---

1 IPD：全称Integrated Product Development，中文名"集成产品开发"。它强调在产品开发过程中，要将市场研究、设计、制造、测试等各个环节紧密地结合在一起，以提高产品的质量和市场竞争力，缩短产品的开发周期。

2 IPMS：全称Integrated Product Marketing & Sales，中文名"集成产品营销和销售"。它聚焦产品上市前到销售的相关各环节，围绕产品，规范从产品的市场机会点生成到生命周期结束的全流程市场整体操盘管理。

产品本身是创造客户价值的基础，在供过于求的市场环境以及日新月异的市场变化下，企业需要更积极地拥抱客户参与，通过聆听客户声音，更快速、更准确地进行产品迭代，保持产品竞争力，并打通客户旅程中的各环节，建立市场沟通机制，在追求产品参数上突破的同时，同步强化客户产品的使用能力，与客户形成双向链路流畅的沟通闭环。如图 5-5 所示。

将客户需求及时且有深度地融入产品开发过程中，让企业能更快速、更准确地进行产品迭代，保持产品的竞争力

产品定义

客户融入的产品实力

消费者　　　　　　　　企业

产品沟通

让产品理念在企业庞大的信息链中能保持住、不丢失，让消费者能有效地"感知"产品，与客户形成双向链路流畅的沟通闭环

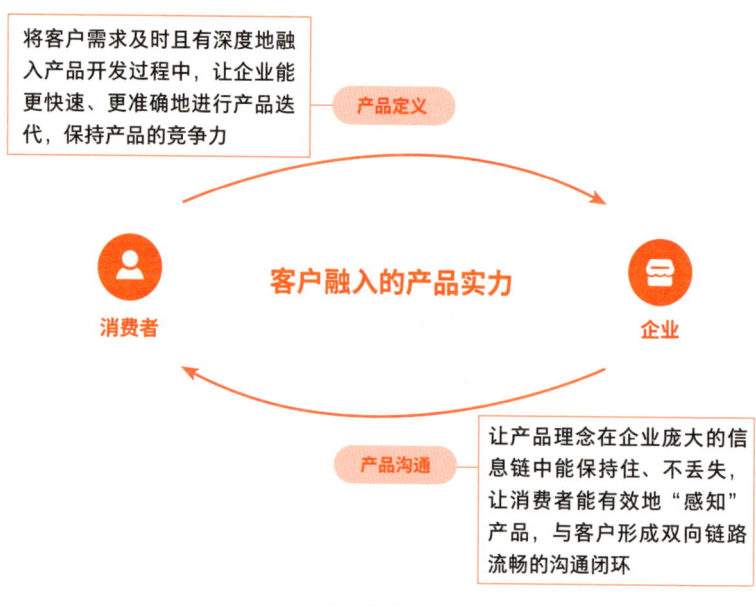

图 5-5　客户融入的产品实力

路径三：显性化的服务内涵

在市场快速增长阶段，服务更多的是在客户旅程后端扮

演"擦屁股"的角色，服务擦的不仅仅是产品的屁股，也包含营销为了达到销售目的挖下的坑。然而在存量竞争市场中，服务内涵不再是原来的服务，它更加向前延展，覆盖在整个客户旅程中。因此，关注长期联结关系的维护，成为客户价值创造与差异化竞争的核心路径之一。

这里所说的服务内涵，指的是企业为了实现客户价值而采取的一系列举措，包含为了支持并提升产品能力所提供的基础服务（如电商或零售行业中的物流配送，厨电行业中的安装，家电行业中的维修、保固等），也包含在核心旅程外衍生的增值服务，其中增值服务并非仅限于传统认知中的实体奖励或是会员体系，更多是植入客户旅程中提升客户感知的行为。例如，"京东小哥"一直是京东品质化服务的符号，2018年上线的"青流计划"更是增加了回收纸箱、旧衣服、玩具等相关绿色举措，充分解决了客户在购物过程中所衍生的痛点，让京东小哥在基础的物流服务之上，同时承载了更高的社会价值。而方太"日行一善"的企业哲学，促使一线工作人员（如安装师傅）能根据客户需求提供及时的帮助与服务。

在传统的经销模式下，大多数企业的销售与服务是分开的两套运营体系，客户接触更多的是以销售为目标的传统门店，他们基本上无法感受到厂商的服务。而在客户时代，先服务后销售的经营逻辑，让服务显化逐渐成为市场的主流。

消费电子大厂OPPO近年也致力于销服一体店的升级，让服务内涵能够更好地让客户感知到。销服一体就是销售和服务同时进行，不仅能让客户在门店完成畅快的购物体验，也能为他们带来更及时的维修和售后服务，让购买与服务没有主次之分，从而打破服务壁垒。销服一体除了为消费者提供无忧、高效率的售后保障外，开放式的维修窗口、标准的流程说明、明确透明的收费标准，以及贴膜、检测等相关的增值服务、跨品牌的维修咨询，都反过来大大提升了OPPO与客户之间的触点，增加了客户购买过程中的安心感。

相较于产品型企业，服务多是扮演支持的角色，是产品构成的一部分，对于没有具象化产品的服务行业而言，出彩的服务能力承载着核心的客户价值。金融保险行业即这一领域典型的案例，如何通过每一次精心的服务环节的设计，争取并推进深化客户关系，成为企业竞争力与持续商业成功的关键。例如，自2010年以来，泰康保险通过"保险+养老"的模式，建立起差异化的发展路径：借由保险公司沉淀的大量保险资金来参与养老社区的建设与运营，而高品质养老社区的入住权利成为泰康保险产品"排他性"的增值服务，相较于其他保险公司，泰康保险通过增值服务创新来提高保险公司对客户的价值，也给保险销售带来了溢价空间。

并非每一个企业的服务内涵规划都需要像泰康保险一样以重资产的模式来进行。日本领先的互联网车险公司索尼损害保险（Sony Assurance）通过全旅程有效的服务场景设计，在激烈竞争的存量市场中保持了良好的续保率和增长。车险属于无形商品，再加上低频的行业属性，如果客户没有经历过出险或理赔的场景，对于保险公司的感知与忠诚度并不高。根据调研数据，有60%的客户都属于对保险公司无感的人群，这意味着看似互联网车险市场占有率第一的索尼损害保险实质上保户基础非常脆弱，随时可能面临客户流失的风险。如图5-6所示。

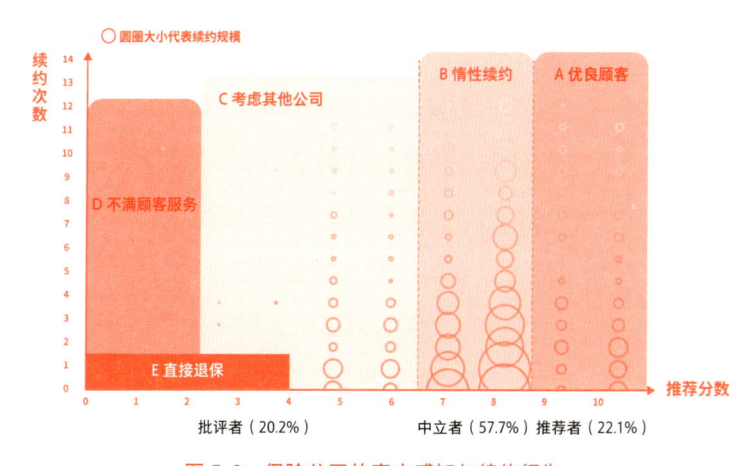

图5-6 保险公司的客户感知与续约行为

尽管保险是个低频行业，但续保通知是每一个保户必经的旅程场景。索尼损害保险传统的续保通知除了提醒保户进行续约外，仅有保单方案及价格等制式化内容，客户难以分辨不同保险公司的差异，最终往往只是从价格来做选择，一旦竞争对手有更优惠的条件就马上转移了。为了提升续保场景的体验，索尼损害保险在续保通知发出后，由过去与保户有过接触的业务单位主动联系进行短信问候，并针对不同的客户画像唤起客户与保险公司曾经经历过的良好体验，强化保费以外的元素，并由专属客服在客户有续保问题时专门服务，消除保户疑虑，加深保户对投保商品的理解，与保户保持信赖关系。

与此同时，索尼损害保险也在客户旅程中安排了各种不同的"惊喜"，让保户更好地感知到保险公司贴心、以客户为中心的服务。在日本，车险保费随着驾驶人的年纪而变动，对年轻驾驶人来说，变更年龄条件可以降低保费（代表驾驶行为的成熟），但大多数的投保人不是忘记办手续，就是根本没有发现年龄条件可在投保期间变更。索尼损害保险在客户生日时除了提供祝福外，会专程通知客户可以进行保费优惠，虽然保费优惠会影响公司营业额，对收益带来短期负面影响，但保户却因为这项服务而对索尼损害保险诚实并贴心的态度产生极大共鸣。索尼损害保险的这一举措大幅提升了长期客户的价值。

此外，由于日本容易发生台风或暴雪之类可能损坏汽车的天然灾害，索尼损害保险会在极端天气发生时发挥直销型保险公司可直接联络顾客的优点，发送慰问信给灾区保户，并提醒可以使用的保险服务。投保人都知道发生交通事故时可申请理赔，但大多数客户并不清楚台风等天灾造成的车辆损害也能使用汽车保险。尽管只是通知的小小动作，但从企业角度来看，要实行这种措施并非易事，保险公司不仅要多付理赔金，再加上本来就因雪灾或道路救援而忙得不可开交的同时，还需要投入更多的资源来服务客户。但也正是由于索尼损害保险重视客户长期利益，在触点不多的保险旅程中与客户产生了更多的服务交互，为客户打造了完整且丰富的体验，继而提高客户的忠诚度与续约率。

再以酒店为例，曾经丽思卡尔顿因为这一个小故事在网络上知名度大增。事情是因为一位客人在佛罗里达的丽思卡尔顿酒店度假离开后，不小心将孩子最喜欢的玩具，一只名叫"乔西"的长颈鹿遗失在了酒店内。客人对孩子谎称乔西还要在酒店里度几天假，过几天才能回家，所以当工作人员打来电话告知玩具在酒店被找到时，客人请求酒店工作人员给乔西拍一张坐在泳池边长椅上的照片，好让儿子看到乔西真的是在度假。结果却出乎了他们的意料，丽思卡尔顿的工作人员不仅寄回了乔西，还有满满一叠的照片，这些照片中，有乔西正在泳池边放松的，有乔西在驾驶一辆高尔夫球车的，有乔西与酒店的鹦鹉共处的,甚至还有乔西在水疗馆里享受按摩的(眼睛上还敷着黄瓜片)。这些照片让客人非常感动,他们在网络上记录了这件事,被无数网友疯狂转发。

其实,客人的需求只是一张玩具照片,但酒店工作人员在收到这个需求时,理解到了客人"真正"的需求是证明长颈鹿乔西过得很好,不用为它担心。因此他们超出了客人的期待,寄来了一系列的照片,展现乔西每天精彩的"度假生活",用极致的服务超越了客户的期望。

正如创始人霍斯特·舒尔茨所言:"我们应该追求的是卓越的表现,而非竞争的胜利。"被如此真挚地服务过,客人一定会到处"宣传",这是传奇性的服务。丽思卡尔顿正是以其传奇性的服务,超越"标准"做到"卓越",收获了无数的忠诚客户。

在过去,服务常常是可有可无的定位,属于被动的角色,也往往被贴上"成本""效率"的刻板标签。而在客户时代,显化的服务内涵是从价值创造出发的,让目标客户能有效感知到企业所提供的服务价值,成为建立与深化客户关系的关键黏合剂。

路径四:有效的多触点融合

在数字化时代,企业向客户交付的,不再仅仅是标准化的产品和服务，它可以变得更加颗粒化、场景化，被拆解为一次次微交互的集合。客户的需求本身是动态的，而数字化技术让企业有条件将自身的能力原子化，并实时、一对一地洞察客户场景和需求，快速有针对性地组合自身的能力，通过各种形式的渠道和交互，来满足这种需求。整个过程中，企业向客户交付的，是贯穿整个过程的端到端的多触点体验。

移动端的出现与普及，促进了客户的跨渠道活动越来越多："哪些环节引导客户进行跨渠道操作""哪些环节适合单一渠道操作""怎么减少跨渠道的断点""如何提升跨渠道的客户体验"等均是多触点融合需要思考的问题。根据麦肯锡2022消费者调研报告，89%以上的消费者在过去一年中改变了购买习惯，包括尝试新的购物App、社交电商购物渠道，或是切换常去的实体店铺，有些消费者会在线下试好码数后在线上下单，有些客户会通过线上线下比价后再决定从何处购入所需物件。[1] 消费者触点和购买路径的碎片化，意味着企业的产品服务过程不能仅限于单一触点，而是要能够跨触点融合，以满足消费者的不同需求。

数字触点的出现让许多客户旅程有了更丰富的发展可能性，在提升客户价值感知的同时，还能有效地提升经营效

---

[1] 麦肯锡&CCFA（中国连锁经营协会）：《2022年中国零售数字化白皮书》。

率。以平安保险为例，早在 2013 年，平安保险 CEO 马明哲便提出"科技引领金融"的战略，通过大量的数字技术以及触点融合，来解决传统客户旅程中可能面临的瓶颈。以理赔为例，面对保险事故在人、事、时、地、物方面的"不确定性"，以及客户在保险事故发生时的恐慌情绪和理赔过程的挫败感，理赔环节对保险公司一直是一个老大难的问题。尽管理赔是一个非常商业导向（赔付与否、赔付金额）、重线下的场景，而平安保险却以客户视角、数字化手段来更好地给予客户良好的理赔体验。2003 年平安保险率先推出车险全国通赔服务；2009 年承诺"万元以下，资料齐全，3 天赔付"；2019 年上线"信任赔"服务，车主只需通过报案并由数字渠道上传照片，即可完成极速理赔，全程零人工审核作业；2020 年平安通过智能机器人、OCR 等技术实现定损、审核等环节流程自动化与智能化，上线了"一键理赔"服务，较传统理赔平均时效提升 34%，从报案到赔款最快时间仅 133 秒；2021 年，家用车每天平均有近 2 万起线上自助理赔案件，83% 的车险报案不再需要现场查勘。从倍比拓《2022 中国寿险业 NPS 白皮书》的客户行为模型表明，有过理赔经验的客户，其理赔体验对保险企业商业决策的影响力将会提升 6 倍。平安保险通过高效的理赔触点管理，提升了关键场景下的客户价值。

老牌影视娱乐巨头迪士尼也是积极拥抱数字触点的企业。

除了大力发展自身的流媒体平台"迪士尼+"外，作为迪士尼魔法的关键触点——迪士尼度假区自2013年启动"My Magic Plus"计划，通过数字工具加持，让游客更轻松地进入"沉浸式"的童话环境，在实景架设的时空中书写自己的故事。迪士尼推出魔法手环（Magic Band）作为公园的虚拟"钥匙"——整合度假区入驻、酒店房间门卡、游乐园门票、速通（Fastpass）票、商店/餐厅结账等。魔法手环能追踪游客的活动轨迹，了解其与游乐设施的互动情况与喜好数据（如旅游景点、商店、购物、餐饮、游戏和音乐等），提供个性化和简便的身份验证，改善游客预约、付费、照片存储、个性化推荐、路线选择以及游乐园导航等体验；儿童则可以通过魔法手环定制迪士尼的各种配件、贴纸和装饰品，在游戏互动时创造属于自己的头像。

魔法手环与后来推出的迪士尼魔法手机（Magic Mobil）服务（让更多人能灵活接入迪士尼的数字服务），以及园区内大量的扫描仪和交互式数字触点，都整合到MyMagic+游客计划管理系统之中，让游乐园变成一台大型的处理器。"预测"是迪士尼度假区运营规划的分析基础，该系统每15分钟就会在整个游乐园的许多位置生成流量与交易预测，协助度假区有效地规划劳动力，以确保满足游客服务标准，甚至提供个性化服务（例如预测游客最喜欢的迪士尼角色，安排相关角色主动找到游客，用游客的名字准确地打招呼）。

数字化是众多企业近年来大力发展的关键能力，然而数字化本身是工具而非目的，数字化能力的发展应该有一把衡量的尺——消费者需要什么样的数字产品？如何沿着客户需求进行有效的数字化创新？数字产品如何跟现有的触点有效融合，而非和触点有冲突？从客户视角来审视数字化能力的投入方向与边界，能够更好地聚焦到客户价值上。

战略路径组合经营

我们先前提到的"品牌理念""产品感知""服务内涵""触点设计"，都是实现客户价值提升的关键战略路径，但客户战略路径的选择并非一成不变的，而是一个动态管理的过程，企业可以根据目前所面临的客户现况与外部竞争态势来建立不同的战略路径组合。

日本管理学大师大前研一（Kenichi Ohmae）强调，成功战略有三个关键元素：客户、竞争对手以及企业本身。这三个关键元素形成战略三角，也就是著名的3C战略模型。如果应用3C战略模型来建立战略路径组合，企业需要经历三个关键步骤：

（1）通过客户旅程对客户现况有充分理解；
（2）分析企业与竞品的优势与短板；

第二部分 客户资本三角路径层——如何实现

(3) 建立符合企业属性与差异化的客户战略路径。

换句话说,一个能有效创造客户价值的战略路径组合,是将企业的经营规划有效契合客户的心理与行为预期,形成与竞争对手差异化的定位。

在不同行业中,客户究竟为了什么而买单,为什么愿意长期追随一家企业,客户行为模型构成均有所不同。例如本书之前提到过,对消费电子产品、耐用消费品、汽车等的产品感知是客户决策的根本。而无形产品的金融业,如索尼损害保险、招商银行,其服务与触点体验是影响客户感知的关键要素。诚如京东创始人刘强东在2022年"双11"前的内部邮件中提到,零售业(尤其是电商行业)的核心需要回到价格、品质和服务,低价是"1",品质和服务是两个"0",失去了低价优势,其他一切所谓的竞争优势都会归零,这也是京东立足于竞争激烈电商行业的本钱。

从竞争格局来看,在同质化产品竞争的市场中,品牌、服务、触点的表现在供过于求的客户时代,其重要性与日俱增:耐克靠着品牌实力在产品性能处于伯仲之间的运动用品市场持续拥有稳定的粉丝;亚朵酒店沿着客户旅程,将服务升级为体验,打造"亚朵级"服务,在本土酒店无法立足的国内中高端市场中创造了新的商业蓝海;招商银行通过针对性战略及长期在数字触点与服务方面的投入,创造了其他银行难以比拟的零售优势。

笔者曾为某消费电子大厂在突破高端手机市场的时候，对其客户现状进行了分析。从其客户分析的图谱中可见，客户价值主要由客户旅程中的品牌理念、产品使用、零售购买与服务内容所聚类而成（见图5-7），其中品牌理念与产品使用是价值定位中最核心的基础：在吸引并留存高端客户的时候，仅仅投资于零售与服务上不足以支持该品牌在高端市场上份额的提升，而是需要着重于产品性能的突破，以及符合客户预期的品牌传递。在对客户与行业现状有了整体的认知后，企业即能规划提升客户价值最适合的战略路径，对资源进行有效配置。

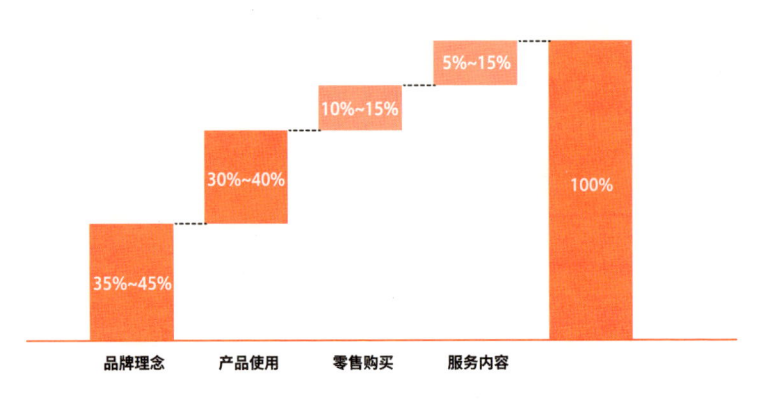

图 5-7　客户价值构成要素拆解

迈克尔·波特认为，战略规划就是企业进行经营取舍并有效配置资源的过程。客户战略路径是战略的选择与组合，企业需要建立起有自己特色的客户行为模型，聚焦并不断强化自身的优势，来打造能长期提升客户价值的护城河。

第三部分

客户资本三角模式层
—— 如何升级

- 客户路径层 如何实现
- 客户资本三角 客户使命与客户目标
- 客户模式层 如何升级
- 客户机制层 如何保障

第6章

客户模式重构

客户路径层
如何实现

客户资本三角
客户使命与客户目标

客户模式层　　　　客户机制层
如何升级　　　　　如何保障

在客户资本三角路径层中,我们讨论了通过"品牌理念""产品感知""服务内涵""触点设计"等维度来建立系统、科学性的客户运营,确保企业能有效落地客户使命与目标,在不确定性的环境下建立可持续增长的路径规划。然而随着客户价值的增长,于商业模式创新而言,客户本身即是一种资产以达成新的扩张,这就是诸多新兴互联网公司不断扩张业务边界的原因。因为初始业务所累积的客户,可以作为新增长业务或种子业务的布局入口,而正如商业模式本身被定义为利益相关者的交易结构,现今交易结构的资源点可以建立在客户身上。本章我们将进一步讨论企业增长下的模式重构:如何通过重新定义与客户之间的商业模式来达成客户价值的深化。

简单而言,企业与客户之间存在着满足预期与支付对价的关系，客户模式重构即改变现有客户的对价关系（见图6-1）。改变现有客户的对价关系指的是在不改变既有产品与服务的前提下，以创新的商业模式与客户建立新的商业关系。如图6-2所示，企业有三种不同的模式来改变对价关系，能够进一步加深客户关系，创造更多的商业价值以及巩固竞争壁垒：①订阅制；②付费会员制；③服务产品化。

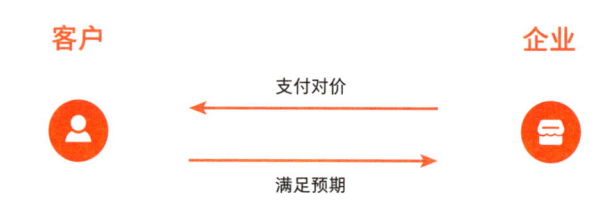

图 6-1　客户与企业的对价关系

图 6-2　三种客户模式重构

将与客户一次性的交易关系，通过降低客户门槛，以订阅制的模式转换为长期客户关系

消费者在需求尚未满足之前，预先支付一笔费用来获得未来相对应的权利和资源；企业与消费者之间属于强绑定关系

企业不是提供单一的产品，而是通过多元的服务产品组合来提升客户价值，与客户建立多元、深度的对应关系

订阅制

订阅制并不是一个新名词，但能成功实现订阅制的品牌均可以证明企业拥有清晰的市场产品匹配（Product Market Fit，PMF）与足够的核心能力来创造客户价值。企业将与客户一次性的交易关系，通过降低客户门槛，以订阅制的模式转换为长期客户关系。近年来，以订阅制为代表的成功企业层出不穷，不论是视频媒体行业的领头羊QQ音乐、爱奇艺，新兴消费品牌如鲜花赛道的花加（Flowerplus），或是全球最大电脑软件供应商微软，均通过订阅制的模式来改变竞争格局，建立市场影响力，创造新的商业增长。对于传统企业而言，订阅制可以视为一种基于客户价值的商业模式创新，能够反向推动"以客户为中心"的商业变革，巩固在客户时代企业的核心竞争力。

订阅制最典型的代表行业就是SaaS（Software as a Service），也就是软件即服务行业，它们往往由客户的订阅数而决定企业的生死。很多SaaS公司的客户以租用而非购买的方式获取软件的使用权，因此，SaaS行业中也用一个非常普遍的指标来衡量企业的商业表现和客户价值：净收入留存率（Net Dollar Retention Rate，NDR）[1]。其计算公式如图6-3所示。

---

1 资本寒冬下，NDR成为SaaS行业最重要的指标之一。健康企业的NDR应至少在100%以上，超过120%会被视为表现良好。

$$\text{净收入留存率 NDR} = \left(\frac{\text{期初 MRR} + \text{扩张 MRR} - \text{减购 MRR} - \text{流失用户 MRR}}{\text{期初 MRR}} \right) \times 100\%$$

- Note：月度经常性收入（Monthly Recurring Revenue, MRR）
- NDR 又称 NRR（Net Revenue Retention Rate）

图 6-3　净收入留存率的计算

好的 SaaS 企业，NDR 常年保持在 100% 以上，代表在订阅制商业模式下，就算没有新客户增长，既有客户一直在维持并扩张他们对该 SaaS 产品的使用。从全球范围来看，运营较好的公司的 NDR 通常在 105%~110% 的区间。美股头部 SaaS 企业 2021 年 NDR 普遍在 115% 以上，也就意味着这些公司就算没有新客户增长，公司收入也可以保持 15% 以上的年增长率。

以国内最大的 HR SaaS 厂商北森为例，根据其招股说明书，北森公司的 NDR 在 2021 年 Q3 前 12 个月为 119%，而且呈现持续增长的趋势。NDR 的持续增长说明了两点：第一是北森 SaaS 产品带来足够的客户价值，客户的支持度不减，流失率低；第二是老客户使用更多、更高级全面的产品服务，收入贡献度持续提高。北森 CEO 纪伟国提到，"客户成功首先是一种价值观、一种文化，全公司都要建立客户成功的理想和理念"。相较于国内 SaaS 企业普遍低留存率的"魔咒"，客户对北森品牌与产品的高认可度，使之成为 SaaS 行业中的一个"异类"。如图 6-4 所示。

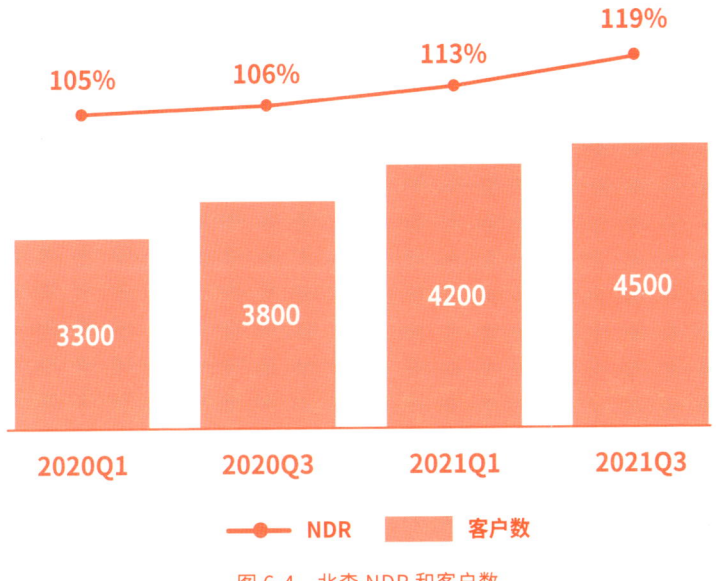

图 6-4　北森 NDR 和客户数

虽然 NDR 的主要应用还是在互联网行业，尤其是 SaaS 企业，但订阅制的商业模式已逐渐延展到各行各业中。NDR 背后所代表的含义是：即使在没有新客户贡献的情况下，企业仍能够依靠留存客户来继续造血，代表企业产品与服务的核心竞争力以及经营健康度。这种"回头客"的生意模式也跟本书提及的以客户资本为目标的客户价值经营有异曲同工之妙。

相较于竞争对手，能成功实施并规模化订阅制的企业，对目标客户有更深刻的理解，也能创造更大的客户价值，而这种能力往往能颠覆传统的市场格局，成为新规则的制定者。

视频行业是近年来最具颠覆性的赛道之一，而奈飞则是其中的开拓者。在奈飞之前，消费者在家看电影的主流方式是去线下店租赁录像带。奈飞开创了用户按月或者是按年付费的经营模式，在线预订自己想看的任何电影，然后邮寄DVD到客户家中。后来随着互联网基础设施的普及，这一经营模式进一步变成视频点播服务的模式，这种"订阅付费"简单、便宜、快捷，成功地颠覆了传统的视频业务。

奈飞深知，为了更好地深挖用户价值来维持高续订率，分析用户数据是核心关键。根据奈飞自身研究，观众的活跃度取决于平台个性化推荐——超过75%的订阅者都是遵循推荐算法来做决策的。奈飞会跟踪客户在平台上的每一步操作，记录他们选择观看节目前的搜索次数，搜索中使用的关键词，观看的日期、地点和设备，知道用户是如何暂停和恢复节目和电影的，以及看完一集、一季节目或一部电影需要的时间，在此基础上生成订阅者的详细资料。奈飞创建的客户档案可能比用户自己提供的信息或偏好要详细得多。

奈飞利用大数据算法了解用户的喜好，向客户提供更精细化的建议，这样消费者可以更高效地浏览自己喜欢的视频，最大化流媒体所创造的价值与满足。这种分析能力也同时有助于原创内容的制作，从《纸牌屋》（*House of Cards*）开始，奈飞已经发布了几百个原创系列节目，进一步建立起差异化壁垒，成为挑战好莱坞的内容平台。奈飞的订阅制商业模式如图 6-5 所示。

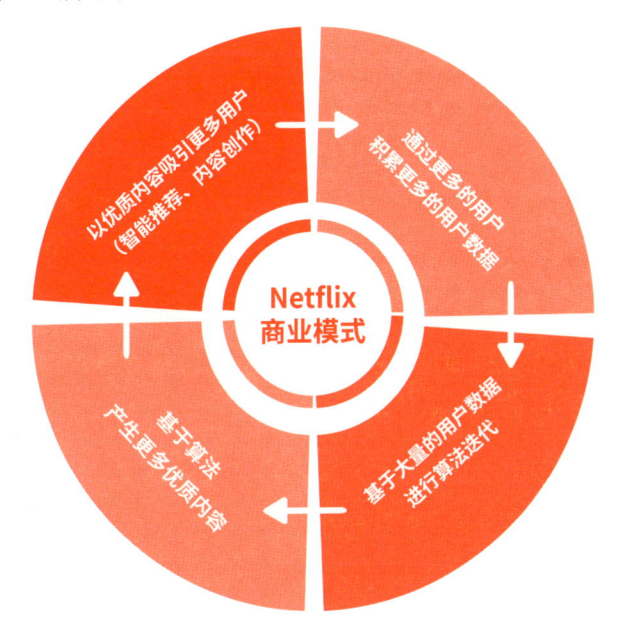

图 6-5 奈飞的订阅制商业模式

（图中文字：Netflix 商业模式；以优质内容吸引更多用户（智能推荐、内容创作）；通过更多的用户积累更多的用户数据；基于大量的用户数据进行算法迭代；基于算法产生更多优质内容）

在获得订阅制上的成功之后，奈飞也积极探索衍生的商业机会：2021 年，奈飞推出线上商城 Netflix.shop，以自有 IP 为核心，销售知名影视剧集相关的人偶、服饰等；同时进军游戏领域，将剧情内容在游戏中进行延伸，并着手将《爆炸猫》（*Exploding Kittens*）的桌游 IP 打造成横跨影视、端游、手游的"多栖产品"，建立起一个完整的生态体系，通过深度的用户理解与精准的用户运营，最大化每一个 IP 目标人群的商业价值，创造企业与用户之间的双赢。

如果说SaaS软件和流媒体奈飞更偏向互联网形态的商业模式，那么我们最后再来看一个传统但热闹（不论从商业维度还是生活角度来说）的行业：宠物经济。在美国，宠物市场一直以来都具备非常成熟的商业模式，在产业价值链上的企业都十分稳定，但是一个以狗狗为中心的品牌BarkBox打破了先前的格局。BarkBox成立于2012年，是一家专门针对狗狗零食、玩具、健康用品等进行销售的公司，采用订阅电商的方式直接面向消费者。BarkBox每个月会将用户为宠物选购的狗零食、磨牙棒和玩具等产品放在一个精美的主题盒子中寄送给用户，每个产品都有一个有趣的名称和富有创意的产品描述（如"嗅探野生公园""莎士比亚在狗狗公园"等）。BarkBox每月活跃订阅用户超110万，总订阅用户数已超过650万，成为美国增长最快的宠物用品品牌。BarkBox在2020年成功上市，市值高达16亿美元。

　　BarkBox了解当代宠物主人的需求，将客户画像聚焦于工作繁忙且热爱社交的都市白领：他们生活十分忙碌，拥有充足的购买力和相对紧张的生活节奏，把宠物当家人一般对待，希望"他们的狗更快乐"，但又不想让购买宠物用品等杂事占据生活中太多的时间。BarkBox为宠物主人提供解决方案，创造更好的养狗体验和更轻松的生活方式。用户可以个性定制盒子中的内容，满足自己爱宠的需求：例如，为咀嚼力强的狗狗选择更加耐咬的玩具，如果宠物沉迷于玩耍并对零食不感兴趣的话，可以选择只购买玩具而不勾选任何可食用的产品。根据订阅长度的不同，每月产品价格在 23~35 美元之间。对于养狗人群来说，订阅制为他们提供了一种方便、个性化且通常成本较低的购买方式。如图 6-6 所示。

选择6个月/12个月的计划，首月获得双倍福利

最受欢迎

12个月订阅计划
￥23/每月
*首月双倍福利

6个月订阅计划
￥26/每月
*首月双倍福利

单月订阅计划
￥35/每月

100%快乐保障
如果宠物宝贝对Barkbox内容不满意，
我们会做到让它满意

图 6-6　BarkBox 订阅页面主要信息

对消费者而言，订阅制的进入门槛低，但也往往会因为品牌无法提供出色的体验服务而取消订阅。BarkBox 深知,（表面上）BarkBox 提供的是装在盒子里的产品，但实际上，当用户和他们的狗一起打开盒子时，他们得到的是一种体验。BarkBox 基于超过 2 万名用户的订购信息，在订阅盒的产品中下足功夫：订阅盒有"小""中"和"大"等不同价位段的盒子，并导入"狗的体形""咀嚼习惯""居住城市"等标签，进一步细化盒子的定制化至 15 种，确保每个主题盒子的交付都是一次激动人心的体验、一个缤纷有趣的故事。创始

人马特·米克（Matt Meeker）认为，最有效的营销是"客户推荐"，用户用他们的狗狗拍摄BarkBox的开箱视频，在社交媒体上分享他们的开箱喜悦，这对BarkBox获取新客户至关重要。

拥有高续订率的BarkBox也顺势推出更多满足核心客户需求的相关产品与服务，包含专属购物网站"BarkShop"、上门兽医护理服务"BarkCare"，以及提供贴图软件、宠物主交流社区"The BarkPost"和户外宠物会所"BarkPark"，甚至是犬类收养的"BarkBuddy"。由于拥有高客户忠诚度以及辨识度，BarkBox的新服务均很快获得了市场认可，以"BarkCare"推出的首款产品Bright Dental为例，该产品是一种酵素牙膏，可以帮助狗狗刷牙、保护牙齿，在2019年试推出48小时内即售罄。围绕宠物经济，BarkBox打破传统，搭建了一个长期订阅用户超过75%、复购率最高超过95%的订阅制模式，最终建立起一个围绕养狗人群的商业服务矩阵。

在海外，近几年订阅制逐渐成为主流的商业模式之一，也是DTC模式的体现。我们期待越来越多的国内企业也能够思考并探索订阅制的潜力与应用，来重构企业与客户的对价关系，升级商业模式。当然，企业要实行订阅制的前提，还是离不开对客户价值的尊重以及以强大的客户资本作为基础。

付费会员制

很多人可能会把付费会员（Paid Membership）跟会员体系联系在一起，作为会员体系变形的一环，但从深层次而言，付费会员改变了客户与企业的对价关系——消费者在需求尚未满足之前，即需预先支付一笔费用，以获得未来相对应的权利和资源。相较于会员体系中企业与消费者之间的松散关系，付费会员制中两者则是强绑定的关系。对企业而言，消费者付费不是结束，运营才是关键。由于付费会员制需要事前预支客户信任，以此作为企业商业经营的基础，因此企业需要精准地把握目标客户的需求，通过一系列产品与服务的组合来实现对客户未来的承诺。这是一种高效经营客户价值的商业模式。

在存量市场中，供给大于需求，而数字化的普及进一步加剧了信息的透明性以及消费者的流动性，有越来越多的企业尝试使用付费会员制来锁定忠实客户，其中以用户转移成本较低的互联网企业为最。然而，成功的付费会员制有赖于企业"高效"地运用会员费，在有利可图的前提下转化为物美价廉的商品或服务，让消费者有持续跟随企业的理由。其中，被杰夫·贝索斯、雷军大力推崇的全球零售巨头开市客，它的付费会员制不仅仅是一个会员运营的体系，而是整个商业模式的核心。

开市客正式成立于 20 世纪 80 年代，它将目标锁定在彼时大量增加的中产阶级家庭：这部分客户有稳定的消费能力，关注商品性价比，会定期采购一家人需要的日常用品。开市客致力于满足中产阶级高性价比的品质生活需求，与客户建立起长期的委托代理契约关系。尽管自2020年以来，全球经济均受到程度不一的冲击，但开市客2022财年会员费收入达42亿美元，同比增长9%，净利润同比增长更是高达16.7%。开市客在美洲地区的续费率高达92.3%，在全球其他地区（包括中国）的总体续费率也达到90%。如此亮丽的经营成效，避不开40年来开市客一直坚守的对付费会员的三项承诺：超低价、超省时、超省心。

首先，开市客必须保证商品的价格足够低，主动降低毛利率。开市客毛利率常年维持在12%~13%。开市客内部有一个规定，如果一件商品定价的毛利率超过14%，就需要董事长签字批准；当其他零售商的毛利率水平大概在20%~30%时，开市客在商品售价上显然对消费者更有吸引力。以梦龙冰激凌为例，在中国国内普通超市的定价在10元左右，在开市客均价仅需6~7元1支。

其次是开市客在选品上"宽类窄品"的核心模式。相较于一般大型超市SKU（最小存货单位）数在2万上下，开市客的SKU数一般控制在4000左右。每一种大类下，开市客仅提供一两种产品，以精选好物的模式降低消费者的商品选择成本，也让单一商品的销售量能够大幅增加。而以少量的产品打动会员消费，考验的则是开市客在对会员偏好的理解与分析的基础上所建立的选品能力。

最后，开市客的服务让用户能放心购物，精选上架的商品必须经过层层审核，低价的同时并未降低高质量，以及售后服务强调退货没有时间限制，并围绕着家庭场景提供食品，还有打印店、验光配镜店、药店、加油站等服务，一站式满足家庭生活需求。开市客的精准会员运营能有效刺激会员的购物欲望，从而拉高客单价（每一位顾客平均购买商品的金额）。根据美国信用卡消费公司 Perfect Price 的调研报告，开市客的客单价是山姆会员商店（Sam's Club）的 1.68 倍、沃尔玛的 2.47 倍、全食超市（Whole Foods Market）的 2.52 倍。

在这种宽类窄品的精准选品模式使得单一商品的销量提升后，进而增强了开市客在采购端极致的定价权。2009 年，某全球饮料巨头在开市客售卖，开市客表示其定价过高需要降价，双方没有达成共识后开市客将该产品下架，一个月后饮料巨头意识到损失太大，遂同意了开市客的定价。开市客的付费会员制如图 6-7 所示。

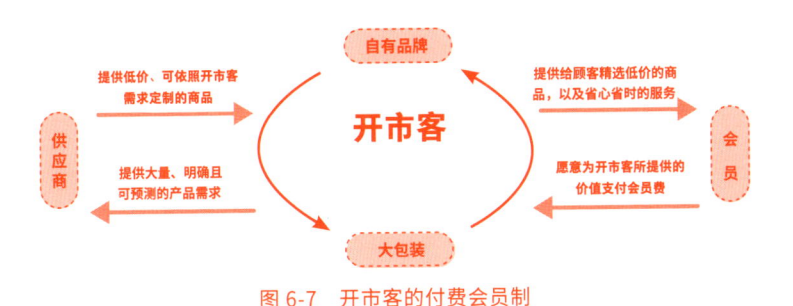

图 6-7 开市客的付费会员制

比起普通零售，开市客客户付费的本质不是商品，而是高效的目标客户经营。一个高度客户价值的经营模式构成企业良性的循环——开市客通过庞大的会员量和消费量获得更高议价权后，又将优惠让利给消费者，同时给予他们更好的体验，进而又帮助自身获得更多会员。强大的付费会员机制是开市客的竞争壁垒，在这个基础之上，开市客并不需要依靠会员的购买力来保持盈利，它只需要让消费者认可会员的价值，即便内外环境有所变化，销售额的波动也不会影响整体利润的稳定。开市客会员费收入占净利润的比例高达72.2%，这家零售企业的盈利能力的核心不在商品价差，而在于会员制，在于会员费。如图6-8所示。

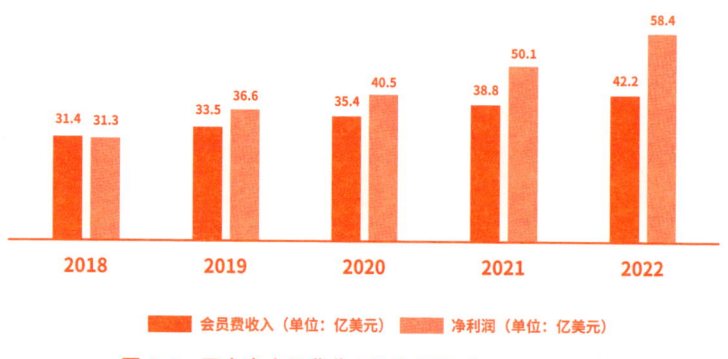

年份	会员费收入（单位：亿美元）	净利润（单位：亿美元）
2018	31.4	31.3
2019	33.5	36.6
2020	35.4	40.5
2021	38.8	50.1
2022	42.2	58.4

图6-8 开市客会员费收入及净利润（2018—2022）

市场上有不少对于付费会员制的探讨，但很多观点更多停留在"术"的层面——通过设计付费会员制来增加会员转移的难度与成本，进而提升客户留存。然而追根究底，付费会员制的本质是企业经营模式与目标客户价值深层次的契合，是通过真诚地打动客户来创造商业上的成功的一种经营模式。

服务产品化

在上一章节谈论客户战略路径规划时，我们曾提到服务的显化，即通过跨旅程的客户服务来建立客户忠诚，从而形成企业差异化的竞争力。如果我们进一步把服务从"运营"升级到"模式"时，服务产品化也就是创造新的商业模式的机会。服务产品化最早由IBM在2006年的时候提出，但他们早期更着重于服务"生产端"模式的改变，将服务的生产过程变成像产品制造一样，把服务内容分解，实现标准化交付，以较低的成本交付高品质的服务。如果我们进一步去拆解服务产品化的本质，可以发现其中有"共性服务需求""可标准化""使用/交互频次高"等特性。只有如此，才能创造服务产品化的最佳商业效益。

在客户资本的视角中，服务产品化更多寻求的是"需求端"客户关系的突破，把"可标准化""使用/交互频次高"的共性服务触点进行产品化设计，创造"升维打击"的商业模式：在现有客户交易的基础上，将原先单一的产品供给升级为多维的服务产品矩阵，打破企业与客户简单的基础对价关系，与客户形成更紧密的联结，从而建立企业的护城河。

服务产品化追求的是能有效将一般较为分散的服务进行整合串联，构建成一个完整的概念，以"产品"形式来传递给消费者，甚至演变为服务"品牌"，成为商业模式的核心构成。例如，新能源车市场即一个极度具备"服务产品化"潜力的领域：汽车的资产价值高，生命周期长，客户旅程复杂且触点多，加上现有汽车价值链较为割裂，传统车企偏重研发、制造等前端环节，把车卖给经销商之后，整个交易实际上就结束了，客户关系局限于一次性交易，这就给了新模式很大的发展探索空间。

相较于传统燃油车，新能源车本身就是一个移动的联网计算机，从日常运行到电池管理，企业有诸多触点为车主提供服务与运营。作为造车新势力之一的蔚来汽车即为其中的典型代表。蔚来汽车虽然没有奔驰、宝马的品牌传统，但从2014年成立以来，靠着卓越服务的招牌在高端汽车市场中占有一席之地，在汽车行业中走出了不一样的商业格局。

蔚来的商业模式并不依靠车辆销售赚取利润，车辆只是入口，是积累客户资本的方式，为车主提供终身服务才是最大的盈利来源。蔚来CEO李斌从创立公司开始，便把"创造愉悦生活方式"作为蔚来的客户使命。蔚来把产品线分为了三个维度：

第一个维度是智能汽车本身。由于汽车是一个高固定成本的行业，同时也是承载未来服务的核心载体，不可避免的，销量规模本身仍是整个商业模式的基础。但不同于传统的商业模式，硬件不是蔚来要赚钱的核心，他们在这个维度上追求的不是最大，而是合理的利润率。

第二个维度的产品是伴随新能源车销售后的刚性服务，如加电、保险和保养维修等。蔚来在刚性服务上以追求不亏损为目标，他们认为在这个维度赚钱反而会造成客户反感。蔚来的 NIO Service（无忧服务）是车主在购车时可以选择购买的服务，这项服务可以帮助车主解决维修、保养、事故处理、上门补胎、保险等一系列用车的麻烦事。例如路上事故，蔚来的服务团队可能来得比交警和保险公司都快，车主可以什么都不管，只需要等着领修好的车；车主没时间给车子充电，可以联系专员，他们会在充满后帮车主开回来；车主可以通过 App 一键维保，会有专员上门取车，给车子补漆、保养、补胎等，全程零接触。这些基础服务并非仅仅是口号，而是随时发生在蔚来车主身边的事实。

最后一个维度则是其他衍生服务（NIO Life），从车走向车生活。其中蔚来 NIO App 作为私域运营的主阵地，是联结客户、车、生活最直接的桥梁。大部分车企都有自己的 App 软件，但这类 App 更多是工具属性的，从功能性层面来说大同小异，而非真正的互动。蔚来 NIO App 最大的特征是"连接"——这里的"连接"，除了包括联结车本身外，更主要的核心是把蔚来的高层、员工、车主、粉丝联结在一起，形成一个类似于论坛、社区的网络环境,用户在 App 里面得到归属感,在车主之间形成一个又一个"朋友圈"。与此同时,"蔚来积分"和"蔚来值"两套会员体系对用户留存、促活、拉新都起到了至关重要的作用。"蔚来积分"更多的是满足所有用户,让非车主也能积极地参与其中;"蔚来值"则是面向车主用户,激励车主对社区提供贡献,增强他们的主人翁意识。截至 2023 年 4 月,蔚来 NIO App 注册人数已超过 430 万,日活跃用户数量已超过 100 万。在 2020 年,蔚来近 70% 的销量都来自老车主的推荐,就是很好的证明,因为优异的客户价值所创造的"人传人"的营销模式,极大降低了蔚来的获客成本。

NIO App 里的 NIO Life 是车生活的一个重要"体验"环节。NIO Life 的目标人群十分清晰——大部分是"70 后"和"80 后",这些一二线城市的核心家庭,因此,NIO Life 能够围绕着"理想生活方式",高效地给车主和粉丝提供高品质商品,增加其愉悦感。NIO Life 成立以来一共寄出超过 280 万件商品,渗透率在用户存量的 50% 以上,每个用户的年平均花费是 2000 元[1]。

NIO App、NIO Life 和积分体系都可以说是"车以外的生活方式"的重要组成部分,共同构建了客户社区。不像传统

---

1 包含积分换取的现金价值。

车企仅仅专注在第一个模块，蔚来将第二、第三个服务维度成功地产品化，形成了多元的产品组合，成为市场中的"用户企业"，在激烈的汽车行业中建立了竞争的护城河。蔚来2022年首度迈过10万辆的销售"门槛"，而非汽车销售收入在2019至2022年间的增长更是超过了5倍（见图6-9）。蔚来汽车总市值在2021年初一度突破1000亿美元，一跃成为全球第四大车企。

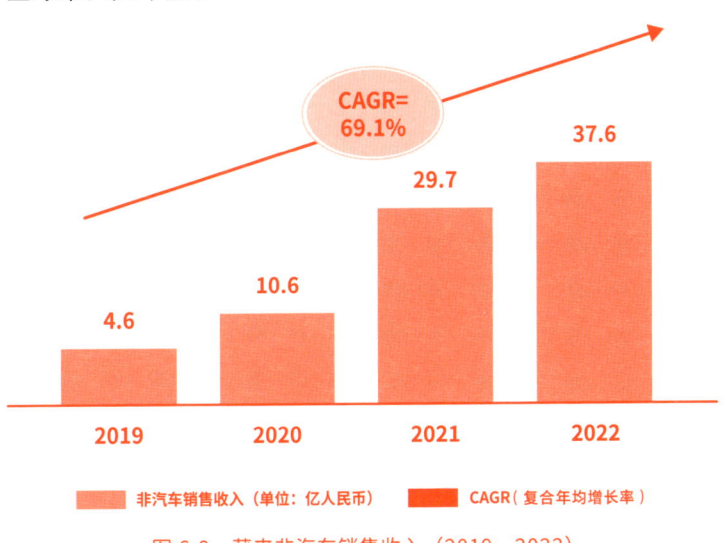

图6-9 蔚来非汽车销售收入（2019—2022）

虽然蔚来汽车仍然年轻，"用户企业"的经营模式也在市场中面临了诸多不同的声音，但其对客户服务的投入与用心，并将服务进行产品化甚至品牌化的尝试，给企业经营带来了更多商业模式上的思考。服务产品化，连同先前提及的订阅制与付费会员制,均是在客户价值的基础上重构企业与消费者之间的对价关系。企业通过客户关系深化来升级客户模式,建立不一样的增长结构,从而在竞争的红海中开辟出一片不一样的天地。

第7章

以客户资本
进行业务扩张

客户路径层
如何实现

客户资本三角
客户使命与客户目标

客户模式层　　　客户机制层
如何升级　　　　如何保障

自从查尔斯·汉迪（Charles Handy）著名的《第二曲线：跨越"S型曲线"的二次增长》（*The Second Curre: Thoughts on Reinventing Society*）一书出版之后，企业的第二增长曲线一直是管理学上重要的议题。查尔斯·汉迪提出，成功者只做两件事——时时检查第一曲线，常常思考第二曲线。前几章我们更多谈论的是如何将客户视角融入企业现有的经营与竞争当中，更高效、可持续地发展第一曲线；本章则进一步探索如何更好地利用客户资本，以建立企业的第二增长曲线。

企业增长中有一个核心观点：企业增长在于不断扩展自己的边界，跳出对于单一业务的依赖。过去企业进行业务转移或者拓展，往往采取多元化或者多角化的增长模式，但当我们看看今日持续增长的公司，从苹果、亚马逊到阿里、腾讯、小米，多业务性特质是这些公司的核心增长要素，其成功的原因在哪里？在于这些公司的边界增长并不是建立在单一的行业跨越之上的，而是根植于客户价值，以客户资本为核心进行扩张，保证业务能够更好地匹配需求，而客户资源在数字化时代又能得到更好的联结、管理与交易，这种模式是以客户为核心，将其资源杠杆化，从而进入客户需求横向扩张的其他领域。

以客户价值为核心的增长曲线

多元化增长的模式很多，但大多数企业在多元化增长的过程中并未取得成功。迈克尔·古尔德（Michael Goold）和安德鲁·坎贝尔（Andrew Campbell）对此曾经提出"母合优势"的概念来处理多元化失败的问题，但企业界的主流思想还是进行"归核"。贝恩咨询公司的董事总经理克里斯·祖克（Chris Zook）甚至为此写了一本专著《回归核心》（*Profit from the Core*）。但是我们在业界的确看到诸多业务增长良好、越过自身天际线的公司，这些公司包括亚马逊、小米、字节跳动、美团等，其业务边界不断扩张。这些公司与传统公司多元化经营的业务模式究竟有什么不同呢？笔者认为，其核心命门就是是否以客户为中心来进行扩张，在原有客户资产上进行衍生，而非过去所采用的产业视角。

亚马逊是互联网时代以客户价值为基础不断创造增长的代表企业之一。从 1995 年西雅图的一家网络书店，在过去 20 多年间，亚马逊逐渐发展为覆盖全品类、品牌价值达 7000 亿美元的全球科技公司与电商帝国。自成立之初，亚马逊的创办人杰夫·贝索斯即以建立全球"最以客户为中心的公司"作为企业使命，并在此基础上创造了著名的增长飞轮，以最大程度发挥客户资本的价值。杰夫·贝索斯认为，在不断地致力于客户体验的提升时，流量就会在口碑的带动下自然地增加，由此吸引更多第三方卖家的参与，消费者就有了很多的选品和便利的服务，从而带动用户体验的进一步提升。而更大的交易规模让亚马逊从自己的固定成本（包括履约中心、服务器等）中获得更多回报，更高的效率又进一步降低了价格，然后这个飞轮就转了起来。如图 7-1 所示。

对电商行业来说，客户体验扮演着十分关键的支点角色，消费者最关注的永远是两点——价格和配送。为了更好地提升这两个环节的体验，亚马逊自 2000 年即上线了第三方市场（亚马逊电商平台 Marketplace），将更多商家纳入亚马逊的供应链体系当中，增加商品的价格竞争力以及选品的便利性。另一方面，亚马逊大规模投入自动化履约中心，通过 API 连接商家产品和亚马逊仓库，由亚马逊负责配送，实现两日送达。与此同时，亚马逊以价格与物流为服务核心，进一步

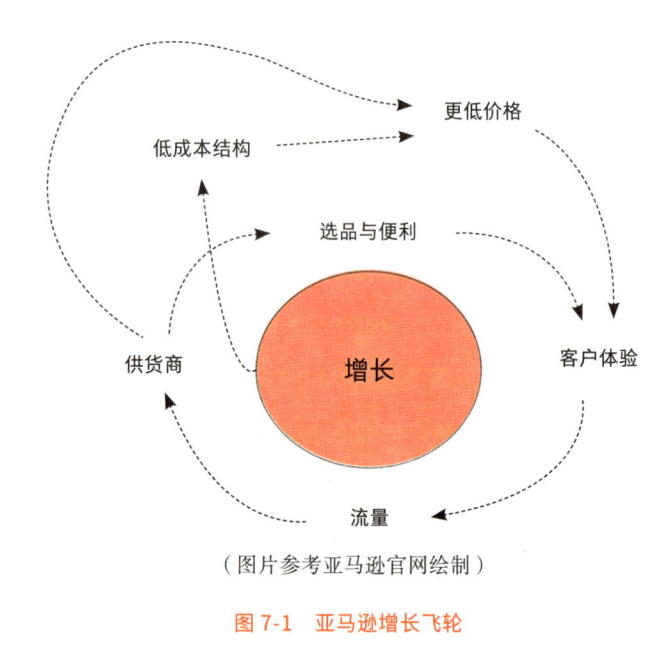

```
                        更低价格
              低成本结构
                    选品与便利
         供货商         增长        客户体验
                        流量
```

（图片参考亚马逊官网绘制）

图 7-1　亚马逊增长飞轮

发展付费会员制——Prime，锁定忠诚客户，坚实飞轮增长的基础。

当亚马逊在美国电商市场的市占率接近 50% 后，找寻其他的增长机会就变成了关键的战略议题。相较于诸多企业在多元化过程中并未有效利用起核心客户资源，亚马逊则充分在电商平台的两端（卖家与买家）进行价值变现与实现增长。首先，亚马逊在电商平台 Marketplace 的基础上，将"电商互联网"作为基础设施对更大范围进行开放，让更多非商品销售企业也可以利用亚马逊的技术来开展自己的业务，这就是亚马逊云服务（Amazon Web Services，AWS）——以电商平台本身的大量商户为基础，将云服务拓展到能源、零售、教育、制造、金融、文娱、医疗等各领域。在 2021 年，亚马逊云服务的收入占总收入近 15%，并贡献绝大部分的利润，成功地成为增长的第二根支柱。

除了通过 AWS 绑定和巩固与卖家间的关系，亚马逊也在客户基础上进行软、硬件领域的延伸，在客户端更强势地占领消费者心智。在硬件部分，亚马逊不断推出如 Kindle、FireTV、Echo 等各种智能设备，消费者通过电视棒、一键购买按钮、Echo 系列等 IoT（物联网）设备获得了更佳的体验；在软件部分，亚马逊则通过 Prime 体系提供会员在游戏和影视上的服务，而这些软、硬件的应用加深了亚马逊在消费者生活和 AWS 在不同领域的布局，从而形成新的飞轮增长来源。

虽然亚马逊仍以零售业务为主体，但随着云服务、广告、会员和商家平台服务等高利润收入占比逐渐提升，公司的本质已从一家"零售商"转变为以提供线上服务为主的"科技公司"。亚马逊开展多元化的成功，不仅抢占了互联网电商的市场红利，而且在原先增长飞轮的基础之上，充分且高效地利用起核心客户资本，建立起企业的第二甚至第三增长曲线。

虽然说互联网背景的企业，客户 DNA 强，但传统企业中也不乏通过客户价值经营而成功实现多元化经营的企业。

2023年迎来100周岁生日的迪士尼即是其中的代表。很多成功企业的商业模式往往是在功成名就后，总结归纳出其中的核心逻辑，但从迪士尼身上，可以看到一份对客户价值不一样的坚持。迪士尼的成功，首先是使命的成功。"让人快乐"是迪士尼的客户使命，不论消费者接触迪士尼哪一块业务，都可以看到迪士尼竭尽全力让人快乐的影子。1957年，迪士尼集团创始人华特·迪士尼在为自己的企业进行商业模式规划时，即建立了沿着使命的增长结构，并画出了一张著名的迪士尼商业模式思维导图（见图7-2）。几十年以来，这张图仍然是迪士尼最核心的战略发展框架。迪士尼的所有业务，从电影、游戏、主题乐园，到文创产品，从创立初期开始就是围绕着客户核心使命而运作的，并且在这个基础上创造了一个接着一个的增长曲线，一个又一个的"魔法"。

迪士尼一共有四个维度的增长曲线，这是一种被称为"轮次收入"的商业盈利模式。第一轮收入体现在迪士尼的电影和动画大片的票房上；第二轮收入来源于这些已公映的电影和录像带发行所获得的利润；第三轮收入依靠主题公园增添新的电影人物或动画角色吸引游客，并使其乐于为童话般的完美体验付钞票；第四轮收入得益于特许经营和品牌授权的商品。

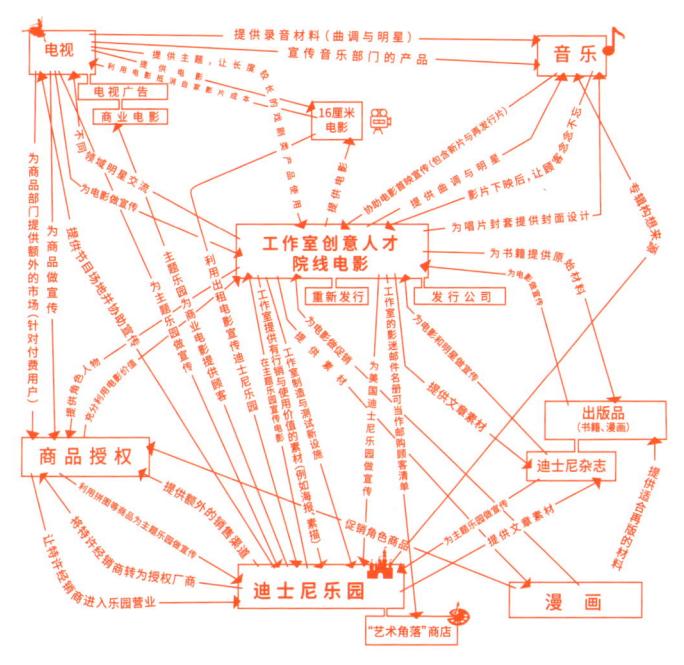

第三部分 客户资本三角模式层——如何升级

图7-2 华特·迪士尼于1957年绘制的迪士尼商业模式思维导图（笔者重绘）

首先，迪士尼增长的底层逻辑来自电影和创意人才，也就是迪士尼工作室。当迪士尼不断推出一部部制作精美的卡通与电影，通过电影放映建立起人物与故事的深刻形象的同时，一个个深入人心的明星 IP 油然而生。1930 年，华特·迪士尼拍了全球第一部动画领域的长片电影——《白雪公主和七个小矮人》(Snow White and the Seven Dwarfs)。制作这部卡通电影花了 3 年多的时间，预算从 25 万美元追加到数百万美元，几乎耗尽了迪士尼所有的财务资源，但幸运的是最终成就了经典。这份成功经验打开了迪士尼以IP和电影为整个"轮次收入"核心的模型，而沿着明星IP发展的影视娱乐网络（电影发行、家庭数码、授权分发及其他）则加速放大了IP的辐射影响力，成为第二波增长动能。

媒体传播增加了快乐覆盖的广度，而主题公园与度假区则塑造了快乐的深度——把电影中的明星IP米老鼠、小熊维尼、白雪公主、伍迪牛仔、玲娜贝儿请到了公园，将家喻户晓的迪士尼经典故事转化为游乐过程，让游客暂时远离现实世界，走进缤纷的童话王国，感受神秘奇幻的未来国度及惊险刺激的历险世界，打造独具特色的迪士尼文化。最后便是品牌的周边产品，迪士尼在全球进行各种形象的知识产权授权，如迪士尼相关的玩具、礼品、家具、文具、体育用品，以及连环画、艺术图画书和杂志等出版品。这些特许商品犹如种子，填满日常生活中的方方面面，成为生根发芽的梦想，深深烙印在每个粉丝的心里。

为了产出更多快乐的内容，迪士尼不断强化制造快乐的源头，扩张IP资源，巩固创意产业链的龙头。近30年来，迪士尼不断地创造新的原创内容，如1995年的《玩具总动员》（*Toy Story*）、2003年的《海底总动员》（*Finding Nemo*）、2006年起《赛车总动员》（*Cars*），到2013年的《冰雪奇缘》（*Frozen*），并通过收购皮克斯动画、漫威工作室、卢卡斯影业和20世纪福克斯，确保源源不绝的IP和创意人才，让一代又一代的大小朋友有新的动画电影与人物可以观看、追寻，成为记忆中美好的一部分。此外，迪士尼一直在不断收购强势媒体（如 ESPN、ABC），并大力布局流媒体，如迪士尼+，通过电视媒体的覆盖，巩固并扩大迪士尼的知名度和影响力，环环紧扣，加深企业的护城河。

迪士尼拥有完备的产业链布局——媒体网络、主题公园及度假区、影视娱乐、消费性产品以及互动媒体四大业务板块。这些业务线为迪士尼的 IP 构建了可以流转、增值的空间，实现了全方位的商业变现，但究其根本，其中增长的内核还是来自迪士尼和粉丝之间创造美好回忆的深层链接，实现了迪士尼"让人快乐"的客户使命。

从客户资本到客户生态体系

以客户价值为基础的第二曲线，不仅提供了企业新的增长路径，同时由于增长来源与既有客户资源深度绑定，还能强化企业原有的运作体系和生态，形成更完整的竞争壁垒。客户生态体系是客户资本的强大体现——在企业定义的生态体系内对客户核心需求进行产品服务组合，最大化客户价值，尤其是潜力价值。

生活服务平台美团即是这方面一个具体的例证。美团第一曲线的建立不可谓不辛苦，经历了刀尖舔血的日子，美团终于在"千团大战"中脱颖而出,在衣食住行中的"食"这项生活服务中站稳了脚步,沉淀了大量的客户资本。也因为第一曲线的成功过程过于艰辛,加上互联网的低转移成本,让即便是市场领先者的美团仍处于高度不确定性的环境。美团在站稳外卖市场的脚跟后,迅速拓展"食"之外的生活服务领域,成功地成为综合性在线服务平台。美团的外卖业务和电影票务市场占有率分别超过 50% 和 70%,双双位列行业第一。而在 OTA(Online Travel Agency,在线旅游)强势的酒旅业务领域,美团间夜量已经超过携程系的总和,成为仅次于阿里巴巴和腾讯控股的中国第三大互联网公司。如图 7-3 所示。

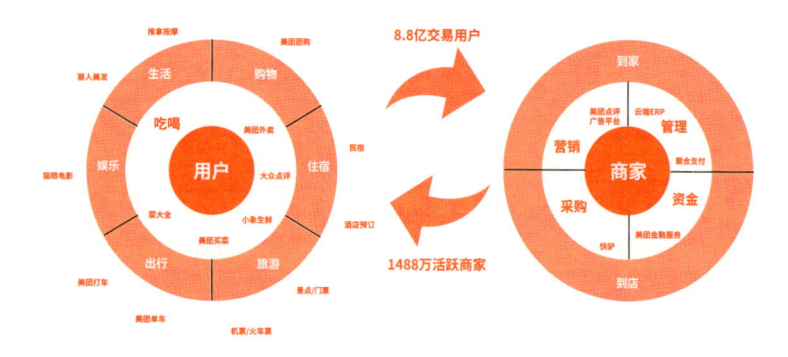

图 7-3 美团客户生态体系

美团作为一个 O2O 交易型平台,是商户与消费者的双向连接点,其基础的商业逻辑关注两个点:"平台"和"交易"。

平台意味着流量与客户，而美团流量开始的来源是初期以餐饮团购为主的"吃"的流量，这种流量的本质特点是高频且复购率高，而在收购大众点评之后，美团又获得了另外一种客户：关注流量——从大众点评导入的高质量评价，是消费者高度关注的信息，进一步提升了客户对平台的信任与黏性。到此，美团基本完成了从关注到交易的流量布局，这个流量本质上是生活消费流量，而这个战略高地帮助美团快速积累了高度的客户资本价值。

随后美团把客户流量转化进入一切可以形成生活服务交易的业务——优先高频业务，高频带动中频，聚低频以形成规模效应。餐饮外卖、到店和出行是高频业务，电影、酒店、KTV等是中频业务，而婚庆、摄影、装修等是低频业务。美团构筑业务体系的第一条原则就是围绕"吃"占领所有高频业务，其次以高频服务带动中频、低频业务，填补客户在高频业务之间的"时间间隙"，进一步扩大平台服务的深度和广度。

据北京贵士信息科技有限公司（QuestMobile）研究，移动互联网月活跃用户的增速一直在下跌，截至2022年6月，中国移动网民已达11.9亿，移动互联网的流量红利接近尾声，而超级App进一步锁定客户的手机并以马太效应放大，"用户时间份额占比"成为竞争的重点。在留存时代，未来客户的"时间份额"将会比"品类份额"更重要，这也是美团最好的增长机会。美团业务的发动机是流量，其业务本质是通过构筑以消费者服务为中心的体系，在最大程度上获取消费者的时间和空间，形成服务之间的引流和整体闭环，将客户留在生态体系内，以最大化客户价值。

如果说美团的客户生态系统是在互联网竞争的大环境下不得已而为之的战略举措，小米则是将客户生态体系作为企业增长核心基础的企业，"因为'米粉'，所以小米"——这是小米 CEO 雷军经常讲的一句话。

在小米创业初期，第一个产品是 MIUI 操作系统，当时的目标是"不花钱把 MIUI 做到 100 万"。在"零预算"的前提下，负责人带领团队泡论坛、灌水、发广告、寻找资深用户，从最初的 1000 个人中选出 100 个作为超级用户，参与 MIUI 的设计、研发、反馈，成为 MIUI 操作系统的"星星之火"，也是"米粉"最初的源头。在硬件公司最核心的产品环节，"米粉"可以在小米论坛上参与调研、产品开发、测试、传播、营销、公关等多个环节，决定产品的创新方向或是功能的增减，小米会根据用户提交的体验报告数据，在下一个版本中做改进。这种将企业经营直接与用户体验和反馈挂钩的完整体系，确保了员工的所有驱动是基于客户的真实反馈，同时"米粉"也从一系列的活动中获得荣誉感和成就感，成为小米弥足珍贵的客户资本。

正因为有一批忠实的"米粉"，小米手机的生态体系不断扩大，小米品牌顺利过渡到其他产品，成功地建立起第二增长曲线。小米从 2013 年开始布局生态链，智能硬件的核心控制产品如手机、电视、路由器、平板、音箱等由小米自己来把控，周边产品则以"参股不控股"的方式进行合纵连横，交给生态链企业来拓展，形成从中心点不断向外扩散的同心圆圈层结构。手机购买本来是一个低频行为，但在万物互联的时代趋势下，小米促进了硬件产品与米家 App 及 IoT 平台的整合，将生态链企业无缝接入其智能设备的硬件及软件模块。生态链内部公司如森林中的树木，树木间通过树木的根部（"米粉"/客户）相互连接并获取给养，树木内部实现不断的新陈代谢，在一些树木老去的同时，很多新生的树苗破土而出，从而保障森林四季常青。截至 2020 年，小米 IoT 平台在全球共连接了超过 2 亿台智能设备。如图 7-4 所示。

从客户到供应链，再从供应链回到客户，小米在 IoT 领域打造了一个以"米粉"为中心的客户生态体系闭环，借由生态圈中客户价值的不断积累，持续扩展产品发展边界，并在产品的基础之上，将更多的"路人粉"转化为忠实的"米粉"。

客户资本三角的第二个战略角是模式层，讨论的是如何升级客户资本——如何重构企业与消费者的对价关系，以及如何建立以客户资本为核心的第二增长曲线。客户价值的深

图 7-4 小米生态链[1]

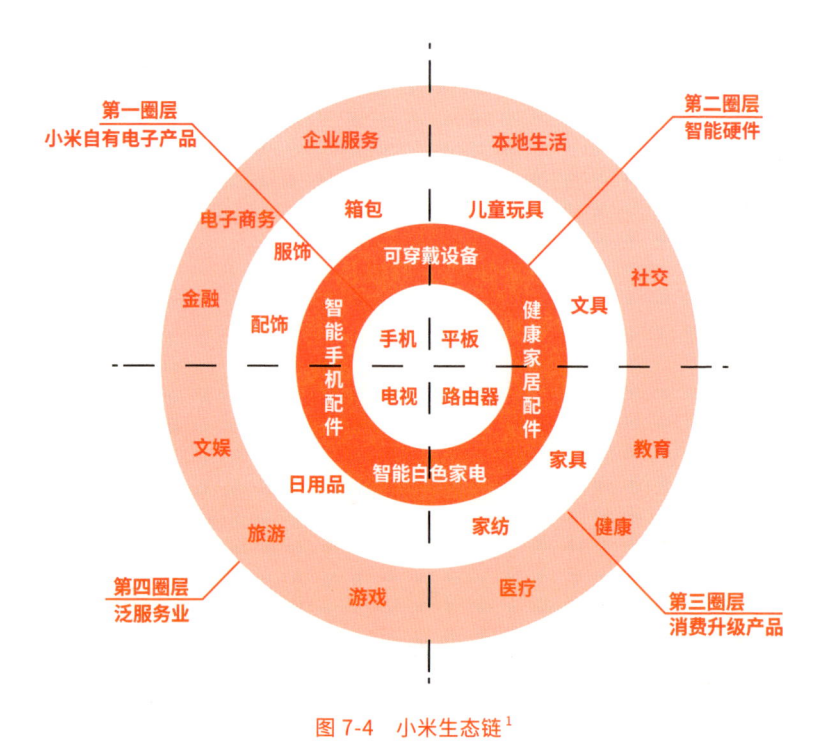

化，不只是让客户与企业能够捆绑得更紧，同时也从另外一个维度使得客户本身也作为一种资本可以被激活，形成与利益相关者新的交易结构，这也是数字化时代客户资本变成公司最重要资产的原因。本书作者之一王赛在担任海尔集团顾问的时候，曾经参与对客户转型战略的研究。海尔集团在传统

---

1 图片来源：《解密小米生态链：从构建到定义产品》，https://blog.csdn.net/acelit/article/details/80215820。

三张表（资产负债表、现金流量表、损益表）之外创新性地构建出第四张表——共赢增值表。共赢增值表包括用户资源、用户增值共享、收入、成本与边际效益等五大维度，它重点强调了企业客户资源可以带来的终身价值与衍生价值，强调用户资本主义的理念，强调从过去以行业为基础的战略视角转向为客户资本为核心的战略视角，这就是模式改变后的新视角。

第四部分

客户资本三角机制层
—— 如何保障

- 客户路径层 如何实现
- 客户资本三角 客户使命与客户目标
- 客户模式层 如何升级
- 客户机制层 如何保障

第8章

客户管理机制

（图示：客户资本三角——客户使命与客户目标；客户路径层 如何实现；客户模式层 如何升级；客户机制层 如何保障）

每一个战略的落地与实现都离不开"人"，而对一群人行为的干预便离不开"管理"。如果我们回到《孙子兵法》的"道、天、地、将、法"，其中的"法"就是组织、管理层面的规则，它定义了企业运作与指挥的模式。在本章中，我们将更多探索"由上而下"的管理能力：在明确客户"北极星"指标与战略路径之后，企业需要建立一套有效的流程机制、组织架构以及系统体系，以保障客户使命与战略目标的实现。如果缺乏管理层面的保障，策略只会停留在若干高管的脑海和认知里，不能转化为企业全员的准则和行为。

反向驱动的管理机制

相较于企业惯性更多是"由内而外"的单向管理模式

（从企业视角来制定一系列的管理行为与运作逻辑），客户更多是在"被动"地接受企业给予的定位与输出，因此，强调"以客户为中心"的管理模式需要引入"由外而内"的反向驱动管理机制。所谓反向驱动管理机制，指的是通过系统性的搜集与分析客户输入，来持续性地引导企业行为，确保"客户视角"能充分地在企业中被实践，形成管理闭环，最终固化为新的企业惯性。

反向驱动的管理机制与大部分管理层熟悉的正向管理模式并不冲突，通过反向管理机制可以确保企业在追求商业利益的过程中，客户价值仍能被充分考虑，从而实现我们在本书一开始提到的企业韧性与可持续性的增长。

随着数字化技术的进步以及企业更容易接触到终端客户，反向驱动的管理机制也十分多元，基本上可以分为以下三类：被动的客户投诉/客户声音（Voice of Customer，VOC）溯源，主动的客户意见搜集或文本分析，以及积极的客户参与机制。企业根据客户目标与能力的不同，可以采取一个或多种机制来建立反向驱动的管理机制。

被动的客户投诉/客户声音溯源

通过客户投诉与客户声音管理是一个常见的企业进行反向驱动管理的模式。借由被动的客户声音溯源，企业可以推动内部流程与机制的改善，高效地进行客户价值的管理，尤其是对客户留存价值的管理。

以第一章中提到的亚马逊为例，为了有效建立反向驱动的管理机制，亚马逊实行"按灯"制度，这源于亚马逊在成立初期，杰夫·贝索斯坐在一个叫佩吉的客服人员身边听电话发生的故事。当时杰夫·贝索斯发现有大量的投诉是源于同样的问题，一线员工明知这是批量问题却无能为力，只好重复处理个体的投诉，但问题的根源却始终得不到解决。于是杰夫·贝索斯不顾成本的压力力主上线这个机制：完全授权一线员工，不管商品的销量如何，只要被认定有问题就下线停止销售，随后就会产生工单，通过系统发到相关的部门进行原因调查，一直追查到问题的源头，这个商品才能再次上架。尽管商品下架会立即影响当期的销售，但追根究底地解决客户问题一方面确保根本性问题不会再重复发生，从而造成客户价值的流失与重复的资源浪费，另一方面，"按灯"制度让前端对商品引入与上架的流程和态度更为谨慎，一劳永逸地提升了企业经营效率。

国内也有不少有效践行客户声音管理并进行反向驱动管理的企业，例如，工业品电商独角兽震坤行即是其中之一。"聚焦客户，创造价值"一直是震坤行创始人陈龙的关键理念，"客户体验"是一切决策和执行的前提——只有企业更加聚焦客户价值的创造，才能成为全球最具价值的工业用品服务企业。而每周的"客户体验晨会"则是实现最佳客户体验的重要机制：包括上周客户体验复盘，回顾严重工单问题，各部门KR（关键成果）及关键的A（行动）等。客户体验晨会的目的不是问责，而是以最快的速度解决客户体验问题，这是最重要的一步；当下的问题解决后，第二件事才能形成解决问题的流程和机制。其中CEO和高层都会与会，确保客户和一线的声音直接传达到高层，且能得到最快速度的支持和解决。通过不断复盘"做什么"和"怎么做"，以确保客户工单问题逐渐减少，倒逼企业进行持续性的改善与精益管理。

对于许多行业来说，客户体验整改是以周为单位来解决问题，但对竞争激烈的服务行业而言，客户反馈的搜集与闭环是刻不容缓的。亚朵酒店有个理念叫"差评不过夜"，每一位亚朵的总经理，每天早晚6点钟会收到一份好评、差评单；有差评的，总经理要写出差评的原因，以及如何整改，并于每天9点在亚朵酒店总经理大群中把所有的差评过一遍。如此一来，任何客人的反馈，基本在2到3个小时内就能够有效解决。

主动的客户意见搜集或文本分析

英文里有一个名词叫"沉默的大多数"。数据显示，96%的不满意客户并不会投诉，他们会因为"嫌麻烦""投诉了也没用"等想法而选择直接离开，寻找更优的替代者。这意味着企业如果只局限于从投诉中寻求改善,将错失真正有价值的客户心声。客户投诉(客户声音)更多是被动地了解客户的诉求,而随着数字技术的进步,有越来越多的企业通过不同客户触点来更主动地获取客户输入,确保企业的运作与行为能更及时且精准地与客户同频,而不是事后的补救与管理。

OPPO一直是全球最畅销手机品牌之一,但面对饱和的手机市场竞争,OPPO不断地在追求客户留存与客户价值的提升。然而,在庞大的企业架构下,OPPO长期存在"产品－营销－销售"信息割裂的困扰。如果消费者的核心诉求不能清晰贯穿全程规划,数据链路不能揭示全程偏差与效度,就很难提出具有客户视角的解决方案。因此自2018年开始,OPPO开始利用数字化的方式来搜集全链路多触点的用户意见,通过定量(定性)问卷与文本分析能力来及时获取用户反馈,从原先的产品环节优化开始打通营销、销售、服务、软件、互联网等全公司领域,甚至是外部的经销体系,形成以单一客户视角的全链路管理;与此同时,由专责组织与机制来负责跨部门优化行为的实施与落地,确保管理闭环的实现。

积极的客户参与机制

不论是被动的客户声音还是主动的客户调研,虽然都是将客户视角传导到企业运作的链条当中,对企业经营提供管理价值,但企业与客户间仍有不同的站位,客户并未参与到企业活动中来。前面章节曾提及客户参与,即让客户更积极地参与到企业运行的过程中来,把客户输入直接融合在企业的日常经营之中。

以小米为例,小米是一家少见拥有"粉丝文化"的高科技公司。虽然小米多数产品偏向线下的消费电子硬件,但高度融合互联网基因后,线上拥有了大量优质用户资产。对小米而言,客户并非上帝,而是朋友。小米的三个战略和三个战术,在内部被称为"参与感三三法则":第一个"三",是三个战略——做爆品、做粉丝、做自媒体;第二个"三",是三个战术——开放参与节点,设计互动方式,扩散口碑事件。

笔者在上一章有提及,MIUI系统是小米产品生态体系的核心,先于小米手机诞生,每次版本升级,绝对有成为爆点的产品功能。客户参与是MIUI的DNA,2010年第一个版本里100名用户的积极参与,奠定了小米特有的"米粉文化",到MIUI发布整整一周年时,小米已经拥有50万用户。小米在客户参与的过程中形成了自己独特的"橙色星期五"互联网开发模式,构建了MIUI 10万人的互联网开发团队模型。在这个过程中没有花一分钱在广告投入上,也没有任何流量交换,小米仅凭借口口相传,就让客户在参与小米的产品开发过程中把作用发挥得淋漓尽致。

英国人民超市（The People's Supermarket）的企业愿景是建立一个可持续发展的商业模式，将城市社区与当地的农业生产者相联结，为民众购买食品提供另一种选择，成为在实现增长与盈利的同时，完成社区发展与凝聚价值理念的社会企业。人民超市有独特的会员制度，任何人都可以在超市买东西，但如果成为会员，顾客在享受权益的同时，需要承担一些义务：每位会员每年要交25英镑的年费（1英镑作为合作社的股份），每4周要拿出4个小时到店服务。作为回报，会员在店内购物可享受20%的折扣，并共同享有超市的所有权，在超市做出重大决策时，能够民主地参与其中（例如就工资、供应商、产品、管理团队等事项进行投票时享有投票权）。作为一家食品合作社，人民超市以对消费者和生产者公平合理的价格为基础，提供当地社区物美价廉的食品。人民超市重新定义了顾客与超市的关系，让顾客真正参与到超市运营中。

反向驱动管理机制的模式很多元，不论是系统性地将客户反馈与输入转化为企业的经营行为，还是设计流程机制，让客户参与到企业的经营活动当中来，都是保障客户价值实现、确保企业新惯性建立过程中不可或缺的要素。

固化变革的组织能力

反向驱动管理机制为企业经营带来不同的管理视角，然而，新的管理输入势必与现阶段的企业活动有所磨合，在这样的背景下，企业需要有高效的组织能力来促进并固化转变的发生。因此，专责的客户管理团队，或首席体验官（Chief Experience Officer，CXO）、首席客户官（Chief Customer Officer，CCO）也就应运而生了。然而，并不是所有企业都需要单独设定专责的高管职位来推动客户工作的发生，而是要确保有足够的资源与权责来建立新的企业惯性。例如，笔者曾提及的亚马逊的杰夫·贝索斯、美捷步的谢家华、OPPO的刘作虎、小米的雷军、亚朵酒店王海军、震坤行的陈龙等，均是由企业的一把手或是高管来主导企业服务客户能力的建设。

一般而言，客户管理团队需要具备以下几项关键能力。

协调与赋能不同职能部门： 客户管理团队需要打破企业内部的"孤岛效应"，实现组织、流程与数据上的协同，确保客户视角能渗透到全客户旅程中，提供职能部门关键的客户输入，且能有效组织跨部门资源来解决客户问题或是实践客户举措。

专业的客户分析能力： 虽然不少企业已经拥有或多或少的客户研究与分析能力，但就笔者的观察而言，大多数的客户分析仍停留在解决日常经营问题的层次，缺乏战略性的视角与统筹性的资源规划。企业要建立卓越的服务客户能力，客户管理团队需要进一步发展整合客户旅程管理能力、客户研究与洞察能力、数据分析能力、体验测量能力等，来支撑客户战略的规划与举措的落地。

建立客户愿景与组织管理：对大多数企业而言，"以客户为中心"的转型是近几年才逐渐变成企业核心战略议题的。根据倍比拓管理咨询与体验社群 UXRen 于 2022 年发布的《客户体验管理成熟度白皮书》，有超过 60% 的企业目前客户转型阶段属于起步期与发展期。对于大部分企业而言，客户管理团队在转型初期肩负着企业愿景与战略路径的制定，并同时承担战略举措的推动甚至考核的职责与功能。国内企业客户体验管理成熟度分布情况如图 8-1 所示。

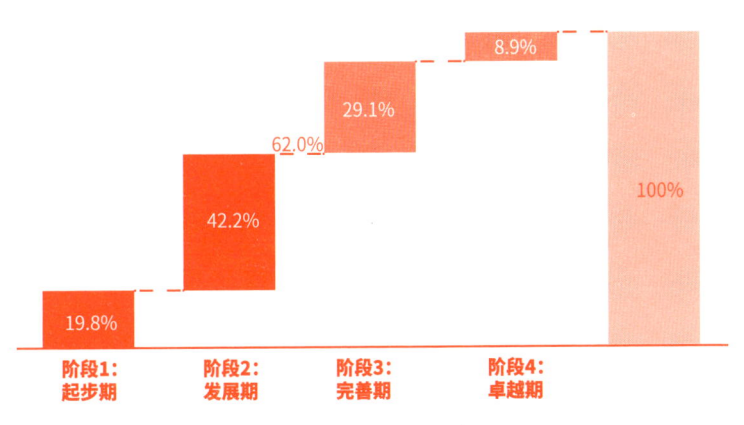

图 8-1　客户体验管理成熟度分布（国内企业）

从《客户体验管理成熟度白皮书》中可以进一步发现，有越来越多的企业开始投入专属的组织资源，计划将客户工作更好地融入企业经营的过程当中，其中有将近2/3的企业已经设立了专责的客户体验管理部门，只是六成以上的专责岗位成立于近3年内，代表为数不少的企业在客户转型道路上仍处于初步探索的阶段。美国著名的体验研究机构弗雷斯特（Forrester）在对2023年客户趋势的预测中曾指出：80%的客户团队仍然缺乏关键的客户体验专业技能。如图8-2所示。

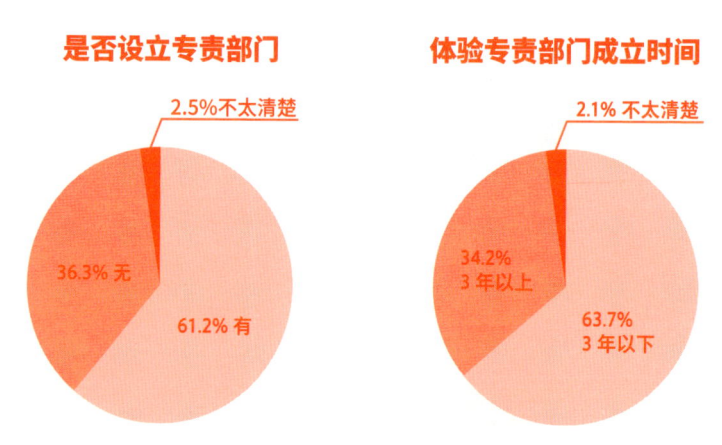

是否设立专责部门

- 2.5% 不太清楚
- 36.3% 无
- 61.2% 有

体验专责部门成立时间

- 2.1% 不太清楚
- 34.2% 3年以上
- 63.7% 3年以下

图 8-2　中国企业体验组织发展现况

鉴于企业特性与所属行业类型的不同，企业的客户管理组织也有不同的形态。有些企业利用现有组织的能力基础来对客户工作进行管理，例如华为的质量运营部、vivo的战略部；

部分企业建立专责的客户单位来提升部门的专业性，聚焦资源来实现战略目标的实现，例如平安集团从集团到子公司建立了一系列的客户体验管理体系，方太建立了企业层级的客户体验部门；互联网企业本身的客户 DNA 基因较强，许多客户管理工作与产品运营以及 UX（用户体验）/UI（用户界面）设计融合在一起，例如腾讯的用户研究与体验设计中心（Customer Research & User Experience Design Center，CDC）[1]。

我们以个别企业为例展开讨论。华为质量运营部便是衍生现有组织来对客户价值和产品质量进行管理。从流程管理到标准量化，来奠定质量文化以及后来以客户体验为导向的闭环，都是华为大质量体系的演化与核心构成。华为在质量运营部下增设用户体验管理的岗位，负责净推荐值调研、流程、标准、组织、活动、工具、度量及人员赋能等职责，与不同部门下的体验设计进行对接，实现对业务线用户体验的协同管理，并在 2010 年成立客户满意与质量管理委员会（CSQC），作为一个虚拟化的组织存在于公司的各个层级当中，由公司的轮值 CEO 亲任 CSQC 的主任，找到各领域客户最为关切的问题，制定重点改进的措施，保证客户最关切的问题能够快速得到解决。

除了从现有组织基础衍生来进行客户体验管理外，有些

---

[1] 腾讯 CDC 于 2023 年分拆，以与前端事业部进行更紧密的结合。

企业会设立专责的客户单位,如平安集团的用户体验部便是独立的客户管理体系。作为多元化金融产业的代表之一,平安集团从2014年开始将客户价值作为专项工作纳入重点项目,搭建了一个以客户净推荐值为核心,从用户研究、产品设计、服务流程设计到客户忠诚度调查的完整客户体验管理体系。为了确保客户体验管理工作的高效运行,集团从组织架构上进行调整,成立集团用户体验管理部门,落实子公司、分公司体验管理与客户服务岗,完成客户反馈监测、体验管理体系以及洞见分析等基础设施搭建,与技术部门共同推动体验数据的挖掘与应用,将体验洞见转化为直接生产力,融入业务发展中,同时成立集团品牌管理委员会和客户体验管理委员会,协调品宣和客户体验重大工作,实现端到端、跨子公司的客户经营。

由于互联网企业的客户DNA以及发展时间较早,客户管理的思维与能力与日常经营活动如产品运营、UX/UI设计有更深度的融合,有些互联网企业的客户团队早期是扮演规则制定与管理的职责,在产品运作成熟之后即跟业务团队整合在一起,如腾讯CDC。腾讯CDC于2006年成立,是国内互联网设计行业最具有历史积累的团队之一。CDC是个独立的部门,拥有一票否决权,即无论市场和产品经理、策划、开发做得如何,如果CDC没有通过,这个产品就无法上线。CDC确保体验质量以及跨产品部门之间的高度一致与统一。

腾讯早期产品如QQ、QQ空间、QQ音乐、QQ影音的诞生都看得到CDC的影子。随着互联网产品运营的客户思维与能力日益成熟，加上中台架构的效率逐渐下降，CDC在2023年退出企业舞台，但其在互联网发展上的历史定位仍不可磨灭。

为了确保"以客户为中心"能有效落地，亚马逊在公司内部设置了CXBR的职能。CXBR全称是Customer Experience Bar Raiser，可以理解为"顾客体验把关人"。作为组织内监督客户管理工作的"客户代表"，CXBR是作为站在顾客立场思考的客户专家，代表客户对项目和产品的客户价值与体验进行把关。在亚马逊会议上，CXBR需要换位思考，立场不再是亚马逊员工的立场，而是要假设自己是真正的客户，站在客户视角提出各种各样的问题，对产品进行质疑和挑战，并要求合理解释。亚马逊所有重要产品和项目评审都要邀请CXBR参与。要成为CXBR需要经历一连串严格的资格审查、培训认证以及实习考核的过程，很多亚马逊的管理高层会提出申请该职位，并在百忙之中抽出时间参加培训认证程序，但职位高并不意味着就能通过，关键还是在于是否能站在客户立场提供反馈，并在面对不同立场时能坚持"顾客至上"的原则。CXBR机制是保障客户体验的重要环节，这样严格的形式，清楚地体现了客户价值在亚马逊是如何得到执行上的强力保障的。

有些企业会进一步将客户管理的动作固化为流程，来确保机制的连续性与标准化。以欧洲领先的贸易和零售集团麦德龙（Metro）为例，其中国业务自2019年开始，结合物美集团的资源，从早期的仓储式超市的商业模式，转型进入会员制超市的赛道。过去的麦德龙习惯于服务企业客户，销售大多为传统的批发模式，而会员制超市则要求对目标客户价值的精准洞察；在目标人群向新中产人群倾斜后，麦德龙则需要定位到新中产的购买需求。于是麦德龙投入大量资源，从源头的客户洞察，到数据分析、议题分解与方案制订，由管理层牵头建立了一套完整的流程体系，牵引组织打破原先格局，创造更多跨部门的拉通与协调，围绕着核心议题来完成经营规划，思考如何能够让更多的消费者喜欢上麦德龙的商品，愿意为会员付费。如图8-3所示。

虽然不同企业在组织与运作模式上形态各异，但核心目标不变——确保"以客户为中心"的反向管理机制能有效地在企业中推动与落地，引导组织行为并形成新的企业惯性。许多企业在闭环搭建的过程中会引入考核指标来确保闭环的实现，但不少企业在建立考核标准的过程中往往过度强调"目标"的实现，导致客户战略举措与组织行为围绕在提升表面上的数字，而失去为了实现"目标"背后的目的。指标选择与目标制定需要科学且精准的规划，以确保目标考核能有效达成客户价值提升的最终结果。

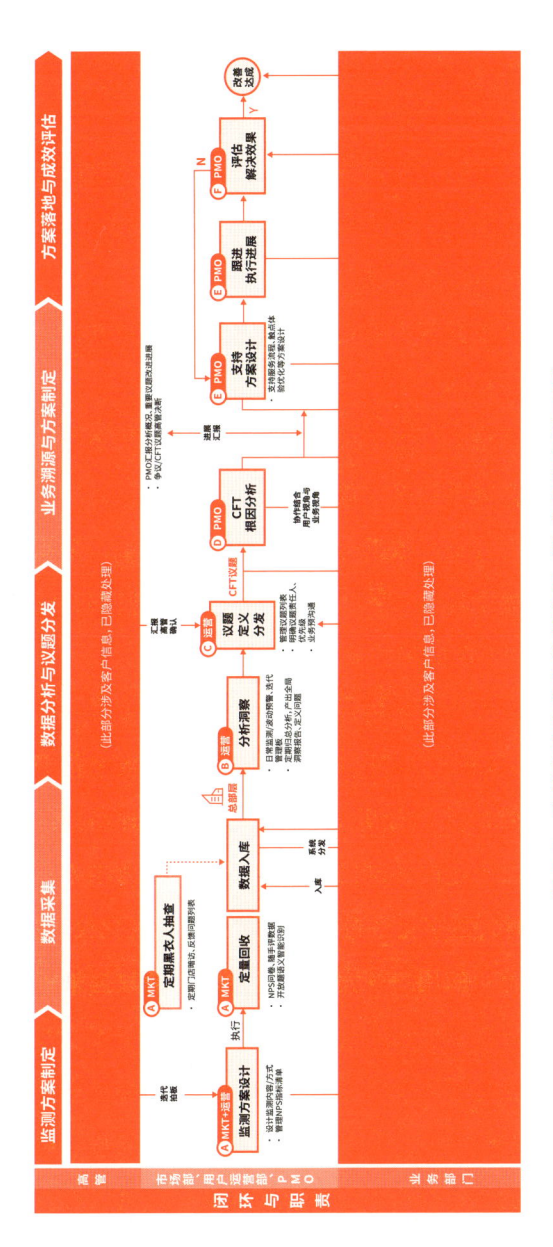

第四部分 客户资本三角机制层——如何保障

图 8-3 麦德龙客户价值管理流程（笔者咨询案例示例）

数字化的客户管理能力

进入数字化时代后,数据已经俨然成为企业最重要的资产,关于如何建立反向驱动的管理模式,已从方法理论衍生至相关软件技术研发领域。数字化能帮助企业在执行客户目标管理上带来下面四大效益,以高效、透明的方式协助企业持续提升客户价值。

提升客户数据的全面性、实时性和准确性,降低客户理解成本。 随着渠道和客户旅程触点的多样化,客户与企业的交互遍布线下线上,数据分散问题越来越严重,企业难以全量捕捉、统筹数据。数字化平台能够帮助企业高效理解用户,提高客户管理团队的工作效率。

实现客户追踪的可视化,帮助企业上下以统一视角了解客户现况,对客户价值改善方向达成共识。 数字化平台能为企业提供高效的数据分析工具,实现体验分析洞察自动化、及时化,降低企业内各部门数据分析洞察能力参差不齐带来的影响;同时,数字化平台将分析结果以可视化仪表盘呈现,以便企业有统一的用户视角,基于全旅程的数据来审视客户价值与体验。

精细理解每个客户的个性化需求,指导业务开展针对性的行动,真正提升每个客户的体验与忠诚度。 数字化平台依托平台上大量的数据积累与系统工具支持,可以对每一个用户过往的互动经历、偏好需求有细致的理解，并以此为基础，提供智能化、个性化的营销、产品或服务推荐。

利用沉淀的客户资本，为企业开展品牌、产品、服务的升级提供决策的依据。借助数字化平台帮助企业将数据整合并有效沉淀至中台后，当企业未来在规划战略或业务（如品牌建设、产品研发、服务规划等）时，业务部门就可以拉取出更全面丰富的用户数据，深度理解用户，以数据驱动科学决策。

我们在本书第一部分客户目标的有关章节中曾提到"客户资本"的目标管理体系由客户体验指标以及客户运营指标构成。因此，企业在数字化建设上就需要建立对客户体验指标和客户运营指标的数据挖掘与分析的能力。从《客户体验管理成熟度白皮书》中可以发现，在众多正在建立服务客户能力的企业当中，有高达 70% 的企业在客户数据管理方面的表现不甚理想。

客户运营指标是指客户留下的"痕迹"，如购买行为、活跃度、事件参与度、用户足迹、转化率、跳离率、重复购买次数等，这些数据是客观存在的，用于告诉企业"客户已然发生的行为，即做了什么"，更多是结果的"What"。企业在面对数量级庞大的客户运营指标之前，需要定义与客户价值相关的运营指标来进行有效的追踪与管理。客户体验指标是指客户的感知反馈，如 NPS 净推荐值、用户满意度、品牌喜好程度、易上手程度等，它告诉企业客户为什么会有这些行为，以及企业相对于市场其他竞争对手的感知差异，更多是反映结果背后的"why"。企业在管理客户价值与端到端客户旅程时，客户运营指标能协助企业分析指导经营行为，并对影响客户资本的关键因子建立及时反馈，并最终与客户体验指标交叉融合，洞见更全面的客户画像，实现精准行动。

打造数字化客户管理能力也有不少路径：有些企业会将客户管理能力与数字营销平台相结合，通过客户数据平台（Customer Data Platform，CDP）或营销自动化平台（Marketing Automation，MA）等延伸其技术能力，进一步增加客户相关标签来进行客户价值管理。部分企业会在传统的客户管理系统（Customer Relationship Management，CRM）或结合社群平台能力的社会化客户关系管理系统（Social Customer Relationship Management，SCRM）上进行升级，建立更多的客户体验指标来实现客户价值的管理闭环。此外，近年来也有越来越多的企业导入客户体验管理平台，从更独立且清晰的客户视角来对客户价值进行评估与管理。

在海外，"以客户为中心"的企业管理趋势起步较早，国际上也出现了诸如 Qualtrics、Medallia、Momentive（原 SurveyMonkey）等一批以 CEM 平台为技术基础的独角兽企业。

Qualtrics 于 2001 年以"面向用户研究人员的在线调研工具"切入市场，凭借强大的 SaaS 产品能力及平台的易用性迅速占领中小企业的客户管理市场。2018 年 Qualtrics 被德国商业软件巨头 SAP（思爱普）收购后，在 SAP 的资源倾注下营收快速增长，并在 2021 年上市市值高达 273 亿美元。截至 2021 年，Qualtrics 已覆盖近 90% 的《财富》(Fortune) 世界 100 强企业。随着大量用户的积累及产品功能的完善，Qualtrics 捕捉到了数字化客户管理市场的先机，率先提出 CEM 管理"数据收集、分析、改善闭环"三步走理念，并推出体验管理平台 XM platform，成功从调研产品转型为体验管理解决方案，协助企业更高效、准确、全面地进行客户洞察以及客户价值的管理与分析。

Medallia 于 2000 年创立，相较 Qualtrics 以 SaaS 产品著称，Medallia 更偏向于服务走定制路线的大型企业，致力于为行业大企业客户提供深入的咨询服务及定制化的体验管理方案。2011 年，Medallia 大客户数（指企业年营收规模超过 15 亿美元的客户）已突破百家，历年年收入增幅超 20%。Medallia 针对大型企业复杂的组织管理架构与业务流程，能够和企业既有系统打通，实时动态地同步组织架构中的任何变化，结合精细化的数据权限和访问控制，真正实现在正确的时间将正确的客户洞察传递给正确的人，并采取正确的行动进行闭环。截至 2020 年，Medallia 服务超过千家行业头部企业，覆盖通信、酒旅、保险、银行等行业前十企业的 70%。

尽管服务的侧重点不同，但 Qualtrics 和 Medallia 分别代表着海外 CEM 的崛起与成功，而这个浪潮也推动了中国国内一拨数字化客户管理产品（如体验宝、倍市得、浩克、云听、体验家等）的兴起。

孟子云："不以规矩，不能成方圆。"本章讨论的客户机制即建立企业规矩，在实现客户价值的过程中，企业管理层需要有机制、组织、系统的抓手，确保企业机器能够遵循着正确的方向来实现"以客户为中心"的转型。纵观市场上在客户价值发展上较为成功的企业，它们或是通过衍生现有的组织能力，或是建立专责的客户单位，以落实客户价值管理的工作。企业应该依照所属行业的类型和自身特性来决定客户管理组织的形态，自上而下地从流程机制、管理模式、数字化能力等环节对客户价值进行统筹性的规划，引领企业树立新的核心竞争力。

第 9 章

文化渗透能力

客户资本三角
- 客户路径层 如何实现
- 客户模式层 如何升级
- 客户机制层 如何保障
- 客户使命与客户目标

在谈论客户资本三角如何实现的机制层中，我们先探讨了"由上而下"的具体管理能力，更多是通过流程机制、组织架构以及系统体系，以"刚性"的举措来引导组织行为，建立服务客户的能力。在本书最后一章，我们将要探索"由下而上"的文化渗透能力。根据笔者多年与大量企业高管交流的经验，具有客户思维的高管（尤其是企业创始人）不在少数，但唯有与客户直接互动的第一线、基层员工具备从客户视角思考的意识与能力，以"客户为中心"的愿景只有通过他们才能真正成为企业的核心竞争力。

2023 年 1 月 26 日，企业文化与组织心理学领域的开创者和奠基人埃德加·沙因（Edgar H. Schein）教授于美国逝世。沙因对企业文化理论贡献重大，被称为"企业文化理论之父"。他的核心观点是要看待企业，不仅要看战略、器具、流程系统以及规章制度,还要看到物质和行为表现背后的根源,这些规则背后有一种潜在的暗流涌动,那就是企业的价值观,价值观背后的信念、预设以及观念,这些看不见的元素才是真正的文化,是企业真正的竞争力来源。这就是为什么我们在谈完战略、经营以及机制后必须最后归根于文化。的确,企业文化看似是虚的东西,但是它又是无比之实且有力的东西,因为它润物细无声地落在企业与客户互动的每一个环节之中。

美捷步是全球最大的 B2C 购鞋平台之一,成立 8 个年头就实现了销售额从 160 万美元到 10 亿多美元的飙升,市场份额占美国鞋类网络市场总值四分之一强,每 38 个美国人当中,就有一人曾购买过美捷步的鞋或相关商品。

美捷步的成功与其华裔创办人谢家华的客户理念密不可分。他在自传《三双鞋》(*Delivering Happiness*)中曾提及,"传递快乐"、给顾客带来"无敌式用户体验"是美捷步企业经营的核心理念。美捷步被津津乐道的并不仅是鞋子,而是它是一种让人们快乐的亲和力,是"一家恰好卖鞋的客户服务公司"。

美捷步的商业模型并不复杂。每一位客户在美捷步购买 1 双鞋子,会收到 3 双一模一样的鞋子,客户可以在试穿之后,保留最合适的一双,其他两双退回来,而且免邮费;同时,在 365 天内,如果客户对鞋子有任何不满意,都可以无条件退换，同样免邮费。

产品仅仅是美捷步以客户为中心的一环。由于网购平台的特性，互联网企业往往缺乏与顾客间传递亲和力、建立亲密关系的机会，因此客服就成为客户旅程中不可忽视的触点。美捷步认为"沟通"是商业成功的关键，不应将任何客户降级为电子表格。而电话是B2C平台客户服务不可或缺的一部分，因此美捷步的客服号码1-800以横幅的形式显著地呈现在网站的每一页上。美捷步最为人称道的便是其近乎变态的客服：假如客户在美捷步找不到自己想要的鞋，客服会至少提供3个同类网站（甚至包括竞争对手），让你找到自己想要的鞋子。除了买鞋之外，美捷步的客服还能为客户解决所有问题——有客户打电话来，说很孤单想聊聊天；有客户打电话问，明天和女生约会该穿什么样的衣服。美捷步呼叫中心记录的员工和客户间最长的电话交互时间达到惊人的10小时。

呈现在客户面前的产品与服务仅仅是结果，而支撑前端举措的根基则要回到美捷步的用户文化，其已融入美捷步整个管理体系甚至公司战略决策层面。在招募员工时，美捷步会提供为期四周的培训期，着重建立员工对公司文化、战略和客户服务价值观的认同。在此培训结束时，每位潜在员工都会收到"报价"——一笔离职"奖金"，美捷步希望通过一笔报酬，让员工明白他们不是因为觉得要尽义务而留在他们不感兴趣的公司或职位上，从而避免企业文化被稀释。

同样的文化思考同时反映在管理层的战略决策上。在2005年，当时的亚马逊曾对尚未盈利的美捷步提供收购邀约，但创办人谢家华以品牌和文化可能会消失而婉拒。一直到2009年，管理层认为美捷步和亚马逊之间有共同的客户目标：亚马逊同样为了客户做到了极致，甚至不惜牺牲短期的利润，只不过二者在如何实现方面有不同的做法。与此同时，亚马逊在收购条款中认同美捷步文化的独特性并承诺对其进行保护。最终，美捷步同意以12亿美元被亚马逊收购。

美捷步的退货率高达25%，再加上大量的客服投入，每年美捷步在这上面支出近1亿美元，这在传统商业逻辑中可能会被认为是无效的浪费。美捷步从不打广告，75%的客户都是回头客。这些回头客的交易额是新客户的15倍，维护成本却只有新客户的1/6。正是这样的客户文化与运营模式，孕育了一家商业成功与客户双赢的企业。

类似的企业文化同样可以在酒店市场中异军突起的亚朵酒店看到。亚朵酒店从2012年创立，到2023年登陆纳斯达克，靠的就是"用户第一"的文化价值观。创始人王海军把自身在不丹以及云南亚朵村旅途中所体验到的幸福，转变成企业的理念，将内心安静的力量变成产品、变成房间、变成文化，传递给城市里的人，帮助他们找回自己幸福的道路。

王海军对亚朵人的要求是"有温度连接"——内心有温度，可以温暖别人。在这个基础上授权一线，每一位工作人员都有 500 元额度（或一天房费的权利）去解决每一个用户反馈问题时所提出的合理需求，让每一位工作人员接到用户反馈的问题时，可以第一时间有决心、有勇气、有资源去解决。这看似简单的举动，需要经历"敢于""善于""乐于"几个管理层次与员工心态上的突破，如果不是强烈的文化底蕴支持，往往会流于形式，或是在几次错误的尝试中戛然而止。

为了让"用户第一"的文化价值观能够渗透到经营的各个毛细血管中，亚朵建立了全员点赞制度，每人每月有五张点赞币给对你帮助大、你最满意的人，每年评选优秀员工只需要看点赞币排名。与此同时，亚朵的"全员吐槽计划"则是在工作中对任何人有意见，都可以在网上发起吐槽，被吐槽人接到吐槽的 48 小时内要进行回馈，吐槽人要针对回馈结果进行打分，以此确保企业运行中能不断地践行客户文化的目标。

美捷步和亚朵酒店的案例给我们带来了思考："以客户为中心"的企业文化会如何塑造一个企业的形象？如何为企业创造商业价值？如何为企业建立差异化的竞争力？要学习一家企业的举措是容易的，但是要能成为一个用户企业却需要深耕用户文化的底层逻辑。因此，我们要谈论一个关键的问题——什么是企业文化？企业文化就是企业及其成员不断重复而形成的肌肉记忆，从而由肌肉记忆改变成行为习惯，最终形成思维方式。企业文化的建设靠的并非一招毙命的绝招，而是滴水穿石的文化底蕴。企业的肌肉记忆该如何建立？从笔者过去20年来的咨询经验以及对国内外成功企业案例的总结，我们可以从四个方向来思考：寻找对的人、日常触手可及、具象化的事例以及高层以身作则。

寻找对的人

改变人的价值观是一件漫长且艰难的过程，最有效的方式即觅得志同道合的人。"以客户为中心"的企业会从招募环节开始就对候选人的价值观做评估与判断，除了专业素养之外，企业希望加入的员工能对企业的客户使命有一定程度的认同。尽管这会增加一开始的招聘难度，但企业文化的契合却能大幅降低后续经营过程中的沟通与共识成本，维护"以客户为中心"的文化浓度，确保企业能够长期航行在正确的航道上。

迪士尼是典型从源头即开始打造客户文化的企业，其创始人华特·迪士尼认为："谁都可以畅想、设计和建设全世界最美好的乐园，但要让这样的梦想成为现实，其关键要素取决于'人'。"从迪士尼对员工的定义而言，员工并不是"员工"，而是"演员"——不仅扮演迪士尼真人角色的是演员，而且乐园中每个员工都是演员，无论他们是操作游乐设施、上菜还是实际参与演出，整个迪士尼乐园本身就是一个大舞台,甚至迪士尼招聘网站都写着"向演员开放的难得机会"。对很多人而言,在迪士尼工作不见得是薪资最高的,但对工作的要求很高。比如扮演迪士尼角色的人,不论寒暑都需要扛着10斤左右的头套;员工需要遵守严格的规定和准则;迪士尼乐园地面的整洁程度要接近"婴儿可以在地面爬行"的标准;乐园内的员工遇到孩子时,应蹲下让自己的眼睛和孩子们的眼睛保持同一高度;有人询问公园相关问题,绝对不允许用"不知道"来回答,员工需要询问其他人或打电话给公园管理者,直到找出答案……这些落实在与游客日常接触的点滴,如果只依靠外部刚性的要求往往很难准确且彻底地执行,更遑论要在硕大的乐园中点亮"安心""快乐"的魔法。对迪士尼而言,10减1不等于9,10减1的结果是0。为了创造绝佳的体验与服务,迪士尼从招聘到培训,都让每一位员工能深刻理解企业使命,怀着对工作的自豪来体现在迪士尼工作的真正意义:带来快乐。

日常触手可及

除了从"人"的特质本身着手外,文化既然是潜移默化的力量,就需要融入员工的日常工作生活当中。当企业的价值观变成员工生活的一部分,员工的行为举止自然而然就形成了企业的惯性,而不是依靠外在刚性机制的力量来实现。

有些企业会充分利用客户声音来向内部员工展示客户最重视的是什么。例如，OPPO 设有专属部门负责客户体验文化宣导工作，以实现充分渗透的客户文化。专责单位会在茶水间、洗手间等员工日常能够注意到的位置，推广与客户价值或 NPS 相关的宣传内容，以及不同类型客户的 VOC 等，同时充分利用企业内部的公众号、朋友圈等渠道，积极进行体验文化的宣传、分享客户体验提升的技巧等。面向员工时，企业会发布一系列体验文化宣导教学、教育有关的讲座、课程，以提升员工对客户体验的理解。

亚马逊则将"顾客至上"的文化带入公司的每一个决策过程：杰夫·贝索斯在开重要会议时，常会在旁边放一把空椅子，这把椅子是为"顾客"保留的，以提醒每个高管都要在工作中充分为顾客思考。据说在某次会议中，众人针对"是否要用接下来的 3 个月时间来落地美国中部的大面积仓储"进行了激烈的讨论，创新派和反对派的讨论很是激烈，而杰夫·贝索斯自始至终都只是一直在听；在双方争吵了半个小时以后，杰夫·贝索斯站起来打断众人，他指了指那把空着的椅子，要在场的每个人都上去坐 3 分钟，在最后一个人离开椅子后，大家才恍然大悟：如果从顾客的角度来看这件事，该如何做出正确的决策？于是不同立场的人之间最终找到了最合适的统一答案。

除了将客户视角带入组织内部，企业也应鼓励员工往外走，和客户建立更直接的沟通，培养换位思考的能力，能够站在顾客的立场考虑问题。例如，北京有一个大华剧院，其创办人易立明要求与其合作的签约演员都要遵守一条独特的规定：每晚演出结束后要留下来与观众聊一聊，听听反馈，聊聊感受。剧院没有固定的关门时间，送走最后一名观众才熄灯。就像易立明所期待的——戏剧不是你今天到剧场里看一个故事，戏剧是从你在家里决定要来看戏，就已经开始了，而一直到看完戏后跟其他人交流观后感，它才结束。而这一份对观众的感同身受、对每一个细节的洞察与坚持，让每一位走入大华剧院的人都享受了一场完美的演出。

具象化的事例

能撼动人心的通常不是一个个冰冷的数字，而是一个个具体的故事。以电影为例，电影行业是一个讲故事的行业，而名导张艺谋是个中翘楚。在张艺谋近几年的电影中，如《一秒钟》《悬崖之上》《狙击手》，张导放下宏大叙事，从大时代里的一个小角落、一组小群像着手，以小见大，一叶知秋。改变企业文化亦然，这个看似宏大的愿景目标，一个个存在企业的日常工作当中、看起来微不足道的小故事，串联起来才真正是改变人心与信仰的力量。

以多伦多道明银行为例，道明银行为了将客户思维注入银行企业文化中，独创了"CWI指数"（Customer WOW Index），意思是银行服务要让客户感动而发出"WOW"（表示感动的感叹词）的声音；为了确保每一个员工都可以将CWI应用在每日的工作中，该银行以CWI指数取代部分业绩或利润等财务指标，考核从CEO到一线的所有员工。

　　道明银行鼓励每一个员工在工作中创造属于自己的WOW Story（WOW故事），也就是让客户感动、喜悦的行为，这些故事都会被存放在公司的资料库内，定期与全体员工分享。道明银行并没有把客户体验作为硬性规则写入员工章程中，而是落实到具象化的故事中：为了为客户即时解决问题，大部分的道明银行每周7个工作日都会营业。在碰上下雨天时，道明银行会鼓励员工为没带伞的客户撑伞，送他们到停车场；客户在办理业务时都需要填写表格，而大多数银行会把笔拴着，非常不利于使用，道明银行不但不会让笔拴着，还会提供各种款式给顾客挑选；为了更好地服务客户，道明银行为迟到的客人保留10分钟的等候时间，以免客人错过办理业务的预约。这些看起来虽然都是微不足道的小事，但WOW故事对员工有潜移默化的影响，借由具象化的分享让员工产生共鸣，让员工能够从下到上渗透对客户价值的重视，知道不只是他一个人在为客户努力着。

高层以身作则

孙子兵法的"道、天、地、将、法"中，特别把"将"提出来跟"道""天""地""法"并行，就是强调领导者的重要。"将者，智、信、仁、勇、严也。"其中的"信"即强调"自信于己，施信于人，取信于民"。领导者的身先士卒与以身作则一直是企业文化建立最底层也是最核心的逻辑。

2014年京东在美上市后，身价飙升到数十亿美元的京东集团创始人兼CEO刘强东，在"618"京东店庆大促期间始终坚持亲自披挂上阵，投入到送货队伍中。为了更好地在三四线城市中进行推广，小米创始人雷军曾花四天在河南进行调研，了解客户需求。在4天时间内，雷军对河南省各市、县、乡镇等各级智能手机消费市场做了初步调研。亚马逊创始人杰夫·贝索斯每年都会定期去客服中心接受培训，和基层员工一起工作，以直接获得客户的反馈。

高层既是愿景的引领者，也是实践者，高层的"知行合一"是奠定与巩固企业文化过程中最关键也是最难坚持的一环。

回归企业的原点

我们在开始论述客户资本三角时，提及客户使命，即"道、天、地、将、法"中的"道"。我们在本书最后一个章节论述的是企业客户文化，而"吾'道'一以贯之"，企业文化是企业愿景最直观、最实际的展现，犹如硬币的一体两面，是企业存在的根本与原点。企业经营会面临不同的经济周期，包括科技与竞争的变革、管理与组织的更替、商业模式的调整，然而最终沉淀不变的是企业文化，这也是企业管理者面临的最困难，但也是最能为企业创造永续价值的环节。

相较于其他国家，日本企业一直以"长寿"闻名。日经BP社曾做过统计，全世界拥有100年以上历史的企业中日企占了接近一半，拥有200年以上历史的企业中日企占了65%。最后，我们来看看一家日本连锁零售企业大关超市在存量经济的大环境下保持其增长动能的秘诀。

笔者东京办公室的日本同事常常讨论一家名为大关超市的连锁超市，言谈中显示出对这家超市的热爱和忠实。东京拥有大大小小各式各样的超市，为什么日本同事只对这家超市情有独钟？从笔者一位同事的亲身经历可以瞧出一些端倪：他有一次在大关超市生鲜区留意到有位老奶奶在鱼柜前徘徊良久，满脸的犹豫不决且不时地喃喃自语。附近的店员察觉到老奶奶可能需要帮忙，便立即上前询问。老奶奶告知店员，家中只有她和老爷爷两个人，他们食量不大，但鱼柜上售卖的分量是每盒至少有两三条鱼，老奶奶担心买回家后吃不完而导致浪费。但是老爷爷特别爱吃这种鱼，老奶奶为此而踟蹰颇久。在了解情况后，店员请老奶奶稍作等待，随即转身走向后台作业区,将重新分装成一条鱼包装的包装盒递给老奶奶,并微笑着感谢她的购买。老奶奶当即开心地走向结账区。在传统市场这样做可能是理所当然的一件事,但在高度标准化的连锁超市中却实属不易。在大关超市中,这样的事例不胜枚举,而日经新闻(Nikkei)也曾在报道中戏称大关超市与客户的关系为"恋爱关系。"

大关超市创立于1957年,以生鲜销售为主,至今已在东京都市圈开设了超过40家店面。尽管大关超市店数不是最多、规模不是最大的,但是在竞争激烈的东京都市圈,它的经常性利润率长时间一直保持在业界第一,同时还获得了极高的 NPS 评分以及净利润率(见图9-1)。如此环境下,大关超市能够突破重围保持如此高的经常性利润率,其背后的原因值得深思。

图 9-1　大关超市的财务表现(2016—2022)

大关超市的经营理念与社长石原坂寿美江儿时在父亲经营的杂货店中受到的启发有关:她的父亲经营着一家只有7.5平方米的个人杂货店,是大关超市的前身。尽管杂货店规模不大,但每天都会有很多常客光顾,这与父母以"顾客至上"作为经营理念有关。相比每天能够赚的金额,企业更应看重的是"顾客还能不能再回头光顾"。

童年经历为石原坂寿美江提供了重要的企业经营视角,让她能深刻地思考企业和顾客之间的关系。为了让顾客明天还能回来,大关超市要求全体员工直面每一位顾客的需求。与传统连锁零售追求企业的标准化与极致效率有所不同,大关超市秉持顾客至上的理念,具体表现在店面设计、采购、待客等各个层面上,其中最特别的就是店铺运营方针中的"个店主义":为贴近不同地区的顾客,每家店都依据自身特色设定品项、定价、服务,以准确回应每一位顾客的需求,因此即便同样都是大关超市,但各家店铺不只品项和价格有差异,就连店面设计与Logo也有很大的差异。尽管大关超市拥有超40家店,但和其他标准化的连锁超市不同,大关超市可谓"千人千店"。大关超市将卖场权限全部移交给负责卖场的店长,各店长作为独立的经营者进行店铺建设,并由天天接触顾客、最为了解顾客需求的现场员工进行采购,这样才更容易打造出完全符合顾客的需求、令顾客买得开心的卖场。久而久之,顾客对这家超市产生了归属感,有了"这是自己的店"的感觉,从而提高了回客率。这种现象也曾被媒体广泛报道,称大关超市是以客户价值为中心,打造与客户间的"恋爱关系"。大关超市官网的公开数据显示,各卖场一天的来客数约 12 万人,在东京相当于每 100 人中有 1 人每天到访卖场,不论是哪家个体店,大关超市常把 Logo 中"Supermarket"的"Super"和"Market"分开,目的是为了向社会表达企业决心:大关超市要做的不是一般的超级市场,而是一个"超级"的"市场",落实"个店主义",建立顾客、股东、员工的"幸福循环"。

从大关超市的案例中我们可以看到,因为大关超市的社长拥有强烈的客户使命感,才能将顾客至上的理念渗透到企业文化中,把管理个体店的权力最大化地交给和客户最为熟悉的店长,真正地站在客户角度为他们采购所需要的东西。因此,只有当与客户直接互动的基层具备了从客户视角思考的意识与能力时,以"客户为中心"的文化便能够为企业带来强大的竞争力。

本书花了大部分的篇幅谈论客户,以及沿着客户需求,企业应该建立的经营肌理,但核心目的仍是要从客户身上去建立增长的公式。近年来在国内外视频媒体市场上快速扩张的字节跳动,其创办人张一鸣在 2022 年谈及企业经营时曾说:公司市值高是因为有好的利润,有好的利润是因为有好的收入，有好的收入对于 To C 的公司来说是用户满意度高，有很多用户的前提是要有好的产品，有好的产品的前提是有好的团队，有好的团队其实是由于你的企业文化和制度不断吸引好的人。纵观古今，许多伟大的企业战略背后的目的都是朴实的。字节跳动本身就不断在践行底层的商业逻辑，创造出不断增长的正向循环。

增长是企业永恒的议题，面对外部环境的不确定性，企业需要找到的是穿越周期的增长底线，建立增长的路径，再从过程中实现商业模式的突破，改变增长的曲线。客户资本三角提供给企业从使命目标制定到企业经营规划，再到机制文化落实的一个战略与管理模式。这是一个企业在充满"不确定性"的大环境下，具有"确定性"的增长逻辑，一个能让企业保持持续增长的商业模式。

附录一

客户价值管理 FRIENDS 模型

在本书中,我们探讨了企业如何通过战略性管理客户价值,提升客户忠诚度和企业竞争力。本附录提供了一套实用的工具——FRIENDS 模型,协助企业进行自身客户价值管理的评估。

一、FRIENDS 模型

FRIENDS 模型是倍比拓管理咨询公司提出的客户价值管理评估工具,该模型包括三个层面与七个维度,旨在帮助企业系统性评估其客户价值管理水平,并找到客户价值提升的关键点。如附图 1 所示。

客户价值管理
FRIENDS 模型

战略契合度	F. 战略契合度 strategic Fit		
体验管理能力	E. 体验度量 Experience measure	I. 洞察分析 Insight analysis	R. 业务改进 problem Resolvement
体验支撑体系	D. 数据管理 Data management		
	S. 组织架构 organization Structure		
	N. 文化宣贯 culture Nurture		

附图 1　客户价值管理 FRIENDS 模型

（一）层面 1：战略契合度（strategic fit）

（1）企业的战略制定充分整合了客户视角，确保战略决策能保持对客户的敏感度。

（2）客户价值融入商业模式与企业经营中，创造差异化竞争优势。

（二）层面 2：体验管理能力

1. 体验度量（experience measure）

（1）有基于用户视角、端到端全旅程构建的客户指标体系。

（2）科学、可拆解的客户指标，确保客户指标可以细分和具体化，有效反映关键客户议题。

（3）完整的客户价值监测机制，包括行业对标和客户关键场景的追踪。

2. 洞察分析（insight analysis）

（1）结合用户标签、行为数据进行客户价值分析。

（2）各部门能通过客户数据分析，识别并分析部门内存在的关键客户问题。

（3）通过客户数据分析，公司能识别需跨部门协同的客户关键问题。

（4）能深度进行根因分析，定位造成客户问题的业务议题。

3. 业务改进（problem resolvement）

（1）能对关键客户问题进行科学评估，合理配置资源。

（2）能明确客户问题解决方案的规划和执行的负责人。

（3）能为不同客户群体制订有针对性的客户问题解决方案。

（三）层面3：体验支撑体系

1. 数据管理（data management）

（1）有可视化的客户价值数据管理平台。

（2）能有效打通并整合客户体验指标和客户运营指标。

2. 组织架构（organization structure）

（1）有专责的部门或角色，负责全公司或事业群的客户价值管理。

（2）高层领导（如 CEO、COO、CIO）定期参与客户价值管理的关键工作。

（3）有清晰规范的客户价值管理流程。

（4）有明确的考核和激励机制。

3. 文化宣贯（culture nurture）

（1）全公司对客户价值有统一的愿景。

（2）有系统的文化宣导和客户价值管理培训。

（3）全体员工和一线基层积极、自发地为创造更好的客户价值付出行动。

二、客户体验管理成熟度的四个阶段

针对上述三个层面的七个评估维度，每个核心维度下均设有对应的关键因子，通过评估企业现状与关键因子描述的符合程度（1~5分），并将七个核心维度的得分加总，可以得到客户体验管理成熟度总分（7~35分）：根据计算所得的客户价值分数，可以将企业划分为起步期、发展期、完善期、卓越期四个阶段（见附图2）。具体如下：

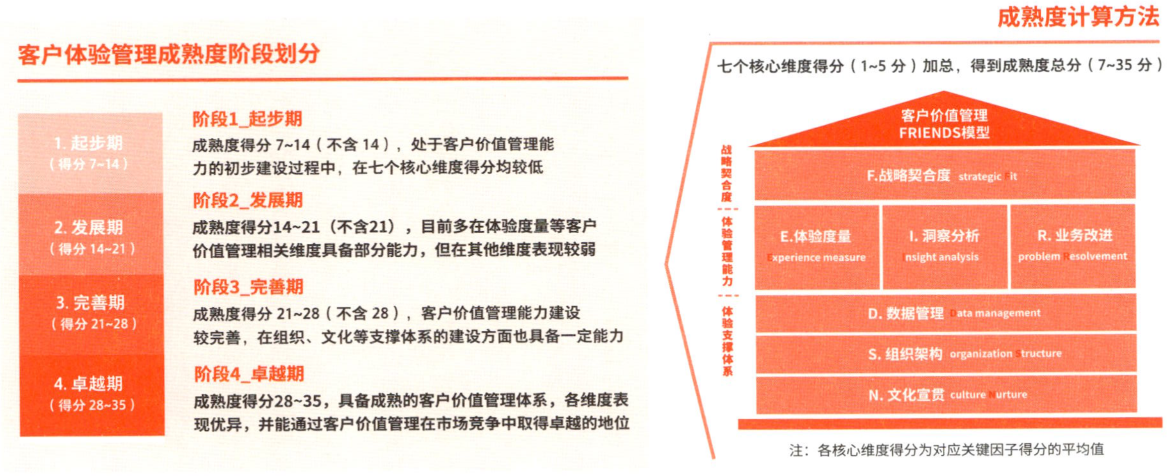

附录一　客户价值管理 FRIENDS 模型

成熟度计算方法

七个核心维度得分（1~5 分）加总，得到成熟度总分（7~35 分）

客户价值管理 FRIENDS 模型：
- F. 战略契合度 strategic fit
- R. 业务改进 problem resolvement
- I. 洞察分析 insight analysis
- E. 体验度量 experience measure
- D. 数据管理 data management
- S. 组织架构 organization structure
- N. 文化置贯 culture

战略契合度 | 体验管理能力 | 体验支撑体系

注：各核心维度得分为对应关键因子得分的平均值

客户体验管理成熟度阶段划分

阶段1_起步期
成熟度得分 7~14（不含14），处于客户价值管理能力的初步建设过程中，在七个核心维度得分均较低

阶段2_发展期
成熟度得分 14~21（不含21），目前多在体验度量等客户价值管理相关维度具备部分能力，但在其他维度表现较弱

阶段3_完善期
成熟度得分 21~28（不含28），客户价值管理能力建设较完善，在组织、文化等支撑体系的建设方面也具备一定能力

阶段4_卓越期
成熟度得分 28~35，具备成熟的客户价值管理体系，各维度表现优异，并能通过客户价值管理在市场竞争中取得卓越的地位

1. 起步期（得分 7~14）
2. 发展期（得分 14~21）
3. 完善期（得分 21~28）
4. 卓越期（得分 28~35）

附图 2　客户体验管理成熟度四阶段

（1）起步期（得分在 7~14）：处于客户价值管理的初步建设过程。

（2）发展期（得分在 14~21）：具备部分客户价值管理的行为，但未形成整体体系化的能力。

（3）完善期（得分在 21~28）：客户价值管理能力建设较完善，在组织、文化等支撑体系方面也具备一定能力。

（4）卓越期（得分在 28~35）：具备成熟的客户价值管理体系，各维度表现优异，并能通过客户价值管理在市场竞争中取得卓越的地位。

根据 2022 年倍比拓管理咨询公司对中国 200 多家企业的调研，得出了国内整体行业现状：基于 FRIENDS 模型的评估结果，处于起步期的企业占国内市场的 19.8%，处于发展期的企业占 42.2%，处于完善期的企业占 29.1%，而处于卓越期的企业仅仅占据市场的 8.9%。国内企业客户体验管理成熟度阶段分布情况可参见图 8-1。

值得注意的是，目前国内企业成熟度总体偏低，约六成从业者所在的企业仍处于客户体验管理的起步阶段和发展阶段，各企业初步具备一定的客户价值管理能力，但在客户价值支撑体系的建设与战略契合度的实践上较为薄弱。

三、总结

客户价值是企业穿越不确定性市场周期的底气；在从"以企业为中心"转向"以客户为中心"的过程中，FRIENDS模型能够协助企业系统性地识别并评估目前企业客户价值管理的现状与阶段：企业需要基于对目标客群的洞察，并结合自身的资源能力优势，建立属于自己的客户资本三角战略模式，以在激烈的市场竞争中立于不败之地。

后 记

为什么会有这本书

过去10年,我写过大量关于数字化浪潮下战略与市场营销融合的书,包括代表作增长战略系列(《增长五线》《增长结构》),以及《数字时代的营销战略》《品牌双螺旋》《市场战略》,等等。我一直有一个大计划:以新一代咨询顾问、新一代商学院课程教授的视角,对过去咨询公司或商学院分析工具进行大升级,而这本《客户资本》,很明显把子弹瞄准的是"客户战略"这个CEO级别的疆域。我和钟思骐先生想做的,是想将"以客户为中心"这个战略议题进行升级与深化,形成真正适合企业的落地框架,否则这个议题就会变成"语言腐败"——无数公司的管理层在谈及它,又不知道如何接近它。

我一直认为我在咨询圈是一个少有的跨界人,和各大顶级咨询公司都有横向合作,有容乃大,师无常师。这本书更多融入的是钟思骐先生近 20 年的客户战略咨询经验。钟先生是我咨询圈中的好友，他从芝加哥大学毕业后便在罗兰贝格战略咨询公司工作，后在中国建立倍比拓咨询业务，是行业内最顶流的客户战略咨询专家，所以与他联手合作是我的荣幸。而在 20 年前，我就读于武汉大学学习经济学和市场营销之时，我的老师、中国高校市场学研究会会长汪涛教授，就曾重度介入"客户资产"这个议题，对"以顾客资产为核心的企业战略"发表过一系列重磅文章，至今仍印在我脑海。我无比尊崇汪涛教授，感谢他 20 年前给我埋下的这颗种子。

这本书的特点是系统和简洁，并直指真问题。最近，蔡崇信接受挪威主权财富基金 CEO 尼古拉·坦根的专访。在访谈中，蔡崇信首次提及在过去几年的多重竞争中，阿里落后了，因为阿里在压力与竞争中，已然忘记了真正的客户是谁，他们理应是使用淘宝进行购物的用户，而阿里并没能给客户最好的体验。而本书中提到的客户资本，就是站在公司整体维度来看待客户价值。客户资本三角由四个模块构成：在客户资本三角的核心，企业需要明确客户使命与客户目标，作为客户价值的"北极星"指标与企业行为的圭臬；沿着客户"北极星"指标，企业需要进一步回答"如何实现""如何升级"以及"如何保障"三个关键问题。我们遵循市场战略的大前辈——沃顿商学院教授乔治·戴伊所提出的"从外到内战略"（Outside-in Strategy），将"客户"作为连接外部与内部战略的转化点,把增长的核心放在不断发展、保持客户关系上,并上升到客户忠诚以锁定其终身价值,实现企业目标的兑现。而三角,具备一种结构美学。

再次感谢好朋友、中国最顶级的出版人、山顶视角的创始人王留全先生担纲本书的策划。数字时代的碎片化内容对讲究深度阅读的图书市场造成了极大的冲击,著书者和出书者都变成了理想主义的一对,没有留全先生的鼓励与鞭策,我很多作品可能不会付诸笔端,更谈不上面世,在此再次特别感谢他。我们都是希望对这个领域有所贡献的人。

最后祝读者们阅读愉快,并可知行合一。愿他山之石,助您攻玉。